BE HERE NOW BOOKS

人間性教育学シリーズ③

創造力ゆたかな子を育てる

天外伺朗

内外出版社

6歳のK君が保育園の卒園前に書いた作品。
「斎藤公子保育」で育ってきた子どもは、情動が解放され、
線が伸び伸びしている(P64)

まえがき

あなたの周りに、抜群の創造力を発揮して、次々に新しいことを企て、人々を驚かせ、人生を大きく発展させている幸福な友人はいないだろうか？　そして、その人のことをうらやましく思い、「自分は才能に恵まれなかったな……」と、ため息をついたことはなかっただろうか？

だが、創造力の「あり・なし」への遺伝的影響は、ゼロではないとしても、それほど大きくはない。どんな赤ちゃんでも、抜群の創造力の芽をもって生まれてくる。ところが悲しいことに、ほとんどの大人は、いつの間にかその芽を失っている。

あなたの場合も、創造力の芽は心無い大人や先生によって無残にも摘まれてしまったのかもしれない。あなた自身に責任があるわけではないし、両親から受け継いだ素質に問題があったわけでもないだろう。ほとんどの人が成長のどこかで創造力の芽を摘まれてしまうのが、残念ながら、いまの日本社会全体にはびこっている深刻な病理なのだ。
あなたの子どもも、あなたと同じように創造力の芽を摘まれて育っていないだろうか。同じように「ため息をつく人生」に送り出してはいないだろうか。

いま、普通に行われている子育てでは創造力は伸びないし、学校教育はむしろ子どもたちの創造力を削いでいる。極端な例になるが、本来なら思考能力を鍛えるべき算数といえども、公式や解答法の暗記に明け暮れることがあるなど、どちらかというと小学校、中学校、高校、と受験対策に重きが置かれている。子どもの興味とかけ離れた既存の知識をひたすら押しつけ、ペーパーテストでいい点を取るように鍛えると、子どもの創造力は間違いなく減退する。大学に入っても、教授の講義を理解し、試験でいい点を取ったからといって、知識は増えるかもしれないが、創造力が伸びるわけではない。

逆に、社会に出て創造力を大いに発揮して活躍している人は、いまの学校教育になじめず、どちらかというとはみ出してきた人の方が多いのではなかろうか。ただし、単に学校をサボってボーっとしているだけで創造力が伸びるわけはない。受動的な学校の授業には身が入らなかったが、それとは別に、命をかけてのめりこむ何かがあり、それに能動的に取り組んだ人は、間違いなく創造力を発揮して社会で活躍するようになる。

いま私は、ゼロ歳から子どもを預かって育てることができるなら、どんな子でも100%創造力ゆたかに育て上げる自信がある。創造力が伸びるための大切なポイントを会得しているからだ。それは、皆さんがいままで普通に行ってきた、「しつけ」を中心とした子育てとはかなり異なる、自由でのびのびした育て方になる。その詳細は本文に譲るが、大切にしなければいけない要点は次の6つだ。

1 「好きになる力」、「夢中になる力」、「のめりこむ力」＝「創造の三源力①」

2 「想像力」、「イメージ力」、「構成力」＝「創造の三源力②」

3 「能動」、「操作とフィードバック」、「内発的動機」＝「創造力育成の三要素①」

4 「情動の解放」、「フロー体験」、「行動の自由」＝「創造力育成の三要素②」

5 「やれば出来るぞ精神」、「無謀な積極性」、「常識にとらわれない心」、「図々しさ」、「プランニングのセンス」、「木も見て、森も見る力」、「全体的な流れがどう動いていくかの予測力」、「どんなに確率が小さくてもゼロでない限り、あきらめない精神」、「遊び心」＝「創造力発揮の九要素」

6 引き出す教育＝「人間性教育学」

すでに創造力の芽を摘まれてしまった大人の場合には、ゼロ歳の幼児ほど簡単ではないが、以上6点を配慮すれば創造力復活は不可能ではない。

本書は、子どもの創造力がいかに伸びるかという原理と具体的な方法論を書いた前半（1章―6章）と、私自身の成育歴の中から創造力をつちかったエピソードを記した後半（7章―12章）に分かれる。前半と後半の間に、植松電機の植松努専務にお寄せいただいた、ご自身の体験を踏まえた創造性に関するすばらしい文章を掲載する。

植松さんは、19人の中小企業を率いてユニークなロケットを開発し、世界の宇宙開発に貢献しておられるのに加え、年間約1万人の子どもを招待して、手作りのロケットを飛ばすなどの活動を通じて、「夢の実現」の可能性開花、創造力育成の支援をしておられる。

これをお読みのあなたに、いまの学校教育の問題点に目覚め、創造力育成の大切さに気づいてほしい、というのが私のささやかな希望だ。そして、あなたのお子さんが創造力ゆたかに育ち、いい人生が歩めるように、本書がお役に立てることを願っている。

「創造性」というと、仕事や生活に役立つという実用的価値に目が行きがちだが、精神的成長という視点で見ると、人間としての本質（真我）にせまる大切な特性といえる。高名な神秘家、ＯＳＨＯのコメントを以下に掲げる。まずは、この深い言葉を味わっていただきたい。

◆　◆　◆　◆　◆

創造性は絵画、詩歌、ダンス、歌といった特定の活動とはかかわりがない。それは特定のものとはいっさいかかわりがない。

どんなものでも創造的になる——活動にその質をもたらしうる。活動そのものは創造的でも非創造的でもない。創造的でない絵を描くこともできる。創造的でない歌をうたうこともできる。創造的に床を掃除することもできる。創造的に料理することもできる。

創造性とは、自分がしている活動に、あなたがもちこむ質だ。それはひとつの態度、内面的なアプローチだ。あなたのものの見方だ。

だから、最初に理解しておくこと——創造性を特定のものに限定してはいけない。創造的なのは人間であって、ある人が創造的なら、彼がなにをしようと、ただ歩いているだけでも、彼の歩みのなかに創造性を見ることができる。彼が静かに坐って、なにもしていなくても、そのなにもしないことが創造的な行為になる。菩提樹の下でなにもせずに坐っている仏陀は、世界がかつて知ったもっとも偉大な創造者だった。

それさえ理解すれば、創造的だったり非創造的だったりするのはあなた、人間だということを理解すれば、この問題は解決する。

だれでも画家になれるわけではないし、その必要はない。だれもが画家になったら、世界はとても醜いものになる。生きていくのが難しくなる。そしてだれでもダンサーになれるわけではないし、その必要はない。しかし、だれでも創造的になることができる。

なにをするにしても、それを歓びに満ちてするなら、それを愛情深くするなら、その行為が純然たる経済活動でないなら、それは創造的だ。自分のなかにそれから成長したものをもっているなら、それが自分に成長をもたらしたなら、それはスピリチュアルなもの、創造的なもの、神聖なものだ。

あなたは創造的になればなるほど神のようになる。世界中のすべての宗教が、神は創造主だと言っている。私は神が創造主なのかどうか知らないが、ひとつだけ知っているのは、創造的になればなるほど、あなたは神々しくなるということだ。あなたの創造性がクライマックスに達すると、あなたの全生命が創造的になると、あなたは神々しさのなかに生きている。だから神は創造主にちがいない。というのも、創造的に生きてきた人たちは神にきわめて近くなるからだ。

自分のすることを愛しなさい。それをしているときは瞑想的になりなさい――それがなんであろうと、それがなにかという事実とは関係なく。

創造性とは、なんであれ自分のすることを愛するということだ。それを実在の贈り物として楽しみ、歓び祝いなさい！

だから、あなたが名声を求めてから、自分は創造的だと考えるなら、ピカソのように有名になったら自分は創造的だと考えるなら、あなたはとり逃がすだろう。それならあなたは、じつのところ、まったく創造的ではない。あなたは政治家で、野心的だ。名声が得られれば、それもいい。得られなくても、それでもいい。それが考慮の対象になるべきではない。考慮されるべきは、自分のしていることを楽しんでいるかどうかだ。それはあなたにとって恋愛のようなものだ。

あなたの行為が恋愛のようなものなら、それは創造的になる。愛と歓びのタッチによって、小さなことも偉大なものになる。

自分が非創造的だと信じていたら、あなたは非創造的になる。というのも、信じることはたんに信じるだけでは終わらないからだ。それは扉を開けたり、扉を閉めたりする。間違ったことを信じていたら、それがあなたの周辺に閉じた扉のようにまとわりつく。自分は創造的でないと信じていたら、あなたは非創造的になる。なぜなら、その信念が邪魔をし、絶えず否定するからだ――すべての流れる可能性を。それはあなたのエネルギーが流れることを許さない。というのも、あなたはひっきりなしに「私は創造的ではない」と言っているからだ。

これがあらゆる人に教えられてきた。創造的とみなされる人はほんのわずかしかいない。何人かの画家、何人かの詩人――百万人に一人だ。これはばかげている。人間はみんな生まれながらの創造者だ。子どもたちを見たらそれがわかる。子どもはみんな創造的だ。だんだんと、私たちは彼らの創造性を殺していく。だんだんと、彼らに間違った信念を押しつけていく。だんだんと、彼らの注意をそらしていく。だんだんと、彼らをもっともっと経済的で政治的で野心的にしていく。

野心が入りこむと、創造性は消え失せる。というのも、野心的な人間は創造的でいられないからだ。というのも、野心的な人間はどんな活動もただそれだけを愛することができないからだ。絵を描いているときも、彼は先を見ている。ノーベル賞を受賞するときのことを考えている。小説を書いているとき、彼は先を見ている。彼はいつも未来にいる。そして創造的な人はいつも現在にいる。

私たちは創造性を破壊してしまう。創造性を持たずに生まれてくる人はいないが、私たちは九九パーセントの人を非創造的にしてしまう。

だが、責任を社会に押しつけるだけではどうにもならない。あなたは自分の人生を自分の手でつかまなければいけない。間違った条件づけを落とさなければならない。子どものころに与えられた間違った催眠術的な自己暗示を落とさなければならない。それらを捨てなさい。自分の条件づけをすべて浄化したら、突然、自分は創造的であることに気がつく。

生きることと創造的であることは同義語だ。生きていながら創造的でないことはできない。だが、その不可能なことが起こり、その醜い現象が起こった。というのも、すべての創造的な源泉が蓋をされ、せき止められ、破壊されて、あなたの全エネルギーが、社会が利益になると考えるなんらかの活動へと差し向けられてしまったからだ。

私たちの人生への態度はすべて金目当てだ。そして金銭は人が興味を持ちうるもののなかでもっとも非創造的なもののひとつだ。私たちのアプローチはすべて権力志向だが、権力は破壊的で、創造的ではない。金銭を追及する人は破壊的になる。というのも、金は奪われ、搾取されるしかないからだ。それは多くの人から奪われなければならない。そうしないと持つことができない。権力とは、多くの人を無力にし、彼らを殺さねばならないことを意味するにすぎない。そうして初めて権力をもち、権力を手に入れることができる。それは破壊的な行為だということを忘れてはいけない。

創造的な行為はこの世界の美しさを高める。それは世界になにかをもたらすが、けっしてなにかを奪ったりしない。創造的な人はこの世界に生まれて、この世界の美しさを高める。あちらこちらに歌をもたらす。彼は世界をもっとダンスができる、もっと楽しむことができる、もっと愛することができる、もっと瞑想することができる場所にする。この世界を去るとき、彼は背後によりよい世界を残していく。だれも彼を知らないかもしれないし、だれかが彼のことを知っているかもしれないが、そこが大事なのではない。しかし、彼はよりよい世界を後に残していく、とてつもなく満ち足りて。というのも、彼の人生にはなんらかの価値が内在していたからだ。

金銭、権力、名声は非創造的だ。非創造的なだけでなく、破壊的な活動だ。それらに気をつけなさい。そしてそれらに気をつけることができれば、あなたはとても簡単に創造的になることができる。私はあなたの創造性が権力、名声、金銭をもたらすと言っているのではない。いいや、私はあなたにバラ色の生活を約束することはできない。それはあなたに厄介なことをもたらすだろう。それはあなたに貧しい人の人生を強いるかもしれない。私があなたに約束できるのは、あなたは内側の奥深くではもっとも豊かな人であるだろうということだけだ。内側の奥深くで、あなたは満ち足りている。内側の奥深くで、あなたは歓びと祝祭にあふれている。いつもいつも実在からもっともっと多くの祝福を受け取りつづけている。あなたの人生は祝福の人生になる。

だが、外面的には、あなたが有名ではなく、あなたにはお金がなく、あなたがいわゆる世間的な成功を収めていないことはありうる。だが、このいわゆる世間で成功することは大きな失敗をすること、内なる世界で失敗することだ。そしてみずからの自己を失ってしまったら、その足元に踏みしめている世間に対して、あなたはなにができるのかね？　全世界をわがものにしても、自分自身をもっていなかったら、あなたになにができるのか？　創造的な人には自分の存在がある。彼はマスターだ。

与える人になりなさい。なんでも持っているものを分かち合いなさい。そして覚えておくこと、私は小さなことと大きなことをいっさい区別していない。あなたがこころから笑うことができれば、だれかの手をとって微笑むことができれば、それは創造的な行為、偉大な創造的行為だ。だれかをハートのなかに受け容れるだけでも、あなたは創造的だ。愛情深いまなざしでだれかを見るだけでいい。愛情深く見るだけで、その人の全世界が変わってしまう。

創造的になりなさい。自分がなにをしているかは心配しなくていい。人はいろいろなことをしなければならないが、あらゆることを創造的に、献身的にやりなさい。そうすればあなたの仕事は礼拝になる。そうすればなんであれ、あなたのすることは祈りに満ちたものになる。そしてなんであれあなたのすることは祭壇への捧げものになる。

自分は創造的でないという、その信念を落としなさい。私はこの信念がどのようにつくられたのか知っている。あなたは大学では優良な成績を収めなかったかもしれない。自分のクラスでトップではなかったかもしれない。あなたの絵は評価を得られなかったかもしれない。フルートを演奏したら、隣人が警察に通報したかもしれない——しかし、そういったことがあったからといって、自分は創造的ではないという間違った信念を持ってはいけない。それはあなたが他人の真似をしていたからなのかもしれない。

人びとはなにが創造的なのか、きわめて限定的な考えしかもっていない――ギターやフルートを演奏したり、詩をつくったりすることに関して。だから彼らは詩の名のもとにごみのようなものを書きつづける。あなたは自分にはなにができるのか、なにができないのかを見つけなければならない。だれもがなにもかもできるわけではない。あなたは自分の天命を探し、見つけなければならない。あなたが暗闇を手探りしなければならないことは、私もわかっている。あなたの天命がなんなのか、すっきり割り切れないかもしれないが、人生とはそうしたものだ。そして人がそれを探し求めねばならないのはいいことだ。そのまさに探求のなかで、なにかが成長していく。

Osho, A Sudden Clash of Thunder, Talk4 より抜粋

www.osho.com

目次

カバーデザイン／城所潤（ジュン・キドコロ・デザイン）
カバー写真／Mike Kemp ／ Rubberball Productions ／ゲッティイメージズ
本文デザイン／またねデザイン株式会社

1

幼児期の創造力育成

「好きになる力」「夢中になる力」「のめりこむ力」

結論から先に書こう。創造力がどこから出てくるのか、最も根源的な特質を深く追求していくと、「好きになる力」、「夢中になる力」、「のめりこむ力」という表現にたどり着く。この3つの言葉は、本質的には同じ内容をあらわしているのだが、あえて併記し、以後「創造の三源力①」と呼ぶことにする。

幼児期の創造力の育成の最も重要なポイントは、親の観察力にある。この子は「何が好きになったのか」、「何に夢中になっているか」、「何にのめりこんでいるか」をよく観察し、のめりこんでいたら邪魔をしないように心掛けよう。邪魔をすると、そこで子どもの創造力は削がれてしまう。

幼児期の子どもは、健常に育っていれば、ひとりの例外もなく「創造の三源力①」が強い。つまり、人間は生まれつき創造力が大きく伸びる可能性を秘めているのだ。ところが、大人になっても創造力ゆたかな人はむしろ少ない。ほとんどの人が、成長の過程のどこかで創造力の芽を摘まれてしまう。

その最初の危険性が幼児期にある。

幼児は基本的に「いま・ここ」を生きているので、いま興味があることから離れて出掛けないと保育園に遅れる、というロジックは理解できない。

また幼児が好きになっていること、夢中になっていること、のめりこんでいることは、大人から見れば馬鹿らしいことが多い。大人の価値観からすれば、「そんな馬鹿なことをやっていないで、早く○○をしなさい」と、しつけをしたくなるのが当然だろう。親にはその自覚はないのだが、毎日々々、これが繰り返されると、子どもの創造力は間違いなく奪われていく。

「創造の三源力①」は「フロー」に入るために必要な力と重なる。「フロー」とは、「無我夢中で何かに集中して取り組んでいる状態」を指し、しばしば奇跡的な結果をもたらし、また体験者の人間的成長を促進する事でも知られている。チクセントミハイという心理学者が「フロー理論」として体系化しており、それをベースに私は「フロー教育」、「フロー経営」などを説いてきた。

前著『「生きる力」の強い子を育てる』（飛鳥新社）で、私は「生きる力」を強化する要素のひとつに「フロー体験」をあげた。創造力も「生きる力」の一部であるから、当然「フロー体験」で育つ。本書ではそれにとどまらず、さらに創造力固有の問題に取り組んでいくが、まずは「創造の三源力①」が「フロー」に入る要素と重なる点を指摘しておく。

モンテッソーリ教育は、「フロー」に焦点を当てた教育だ。チクセントミハイが研究を始める50年も前に構築された教育学なので「フロー」という言葉は使っておらず「集中」、「意識の集中」などと呼んでいるが、チクセントミハイが発見したほとんどのことが教育学の中に取り入れられている。

グーグルの創業者、セルゲイ・ブリンとラリー・ペイジ、アマゾン・ドット・コムの創業者、ジェフ・ベゾス、ウィキペディアを始めたジミー・ウェールズなどがモンテッソーリ教育を受けたことがよく知られている。
卒業生は概して知的独立心が強く、権威が嫌いで、人から指示・命令されることを好まず、既存のパラダイムを叩き壊してブレイクスルーをする傾向が指摘されている。

子どもが通う保育園や幼稚園を選ぶとき、最初に注意しなければいけないことは、子どもが「フロー」に入ることを大切にしているかどうか、「フロー」に入っている子どもを大人が邪魔していないか、などだ。

近年は、早期英語教育をうたい文句にしたり、小学校に上がった時に困らぬように文字や計算の早期教育を実施している保育園・幼稚園が多いが、私はおすすめできない。建物なら土台工事の大切さは誰でもわかるだろう。これらの園では、土台も作らずに上の建造物のデコレーションを競っているようなものだ。ちょっとした地震ですぐ崩壊する建物のような子どもが育つ危険性がある。

本来、保育園、幼稚園というのは土台をしっかり作る役目をになっており、建物を建てる時期ではない。

前著『「生きる力」の強い子を育てる』で詳しく述べたが、人としての土台（古い脳）がしっかりと発達する前に、論理脳（大脳新皮質）を鍛えようとすると、土台が貧弱になり、間違いなく子どもの健常な成長を阻害する。まず子どもが楽しいこと、そして「フロー」に入りやすいことなどが重要であり、古い脳が担当する身体性や情緒の発達には配慮が必要だが、それ以外はむしろいらない。一般常識とは真逆になるが、教えると子どもは伸びなくなる。これについては、後の章で詳しく述べる。

さらには、家庭においてもたっぷりと「フロー」体験をさせることが望ましい。そのためには、すでに述べたように「創造の三源力①（好きになる力、夢中になる力、のめりこむ力）」が大切になる。

「想像力」「イメージ力」「構成力」

男の幼児のほとんどは、車や電車に興味を示す。開かずの踏み切りでお母さんがイライラしたのに、坊やが「今日は電車を3つも見られた」と喜んだという話はよく聞く。食卓でも皆の箸を集めて線路に、海苔の缶を電車に見立てて遊び始めることもあるだろう。大人からみれば、箸を並べても線路には見えないし、海苔の缶は電車とは違う。

でも、子どもは夢中になって遊ぶ。本物の電車と海苔の缶の間にある極めて大きなギャップを埋めるのが、子どもの持つ「想像力」、「イメージ力」だし、箸の線路や、踏切を作ったりするのが「構成力」だ。この3つの力も、創造力が育つためにはとても大切な要素なので「創造の三源力②」と呼ぶことにする。

多くの親が、「こんなに電車が好きなら……」と、電車の模型を買って与える。それは親の愛情の表れなのは間違いないのだが、「創造力を育てる」という意味では逆効果になりかねない。おそらく、模型を買ってもらって、箱を開けて線路を組み立てているときには子どもは興奮状態になるだろう。完成してスイッチを入れて電車が動き出すと、さらに興奮が高まるかもしれない。でも、その興奮は長くは続かない。スイッチを入れると電車が動くのが当たり前になり、新たな刺激はなくなる。その子はその後、食卓で箸と海苔の缶で電車遊びをする事はなくなるかもしれない。電車の模型が具象的過ぎるため、箸や海苔の缶では楽しめなくなってしまうのだ。単に電車が動くのを眺めていても、子どもの創造力は育たない。創造力を育てるのに大切な「創造の三源力②（想像力、イメージ力、構成力）」が発揮されないからだ。

両親がお金持ちで、高価なおもちゃを山のように買い与えられた子どもより、貧乏で、おもちゃがない子のほうが、むしろ創造力は育つ。いま、市販のおもちゃを見てみると、子どもの創造力が育つように配慮されているものはきわめて少ない。お店で、せつな的な子どもの興味を引き「あれ買ってー！」とせがむが、しばらく遊ぶと飽きてしまうようなものばかりだ。市販のおもちゃを見るたびに、私は深いため息が出る。棒切れや木切れや、ガラクタがたくさんあれば、それだけでいい。おもちゃなどはいらない。1本の棒切れが、刀にもなれば鉄砲にもなり、時には飛行機にもなるのが子どもの特権だ。

女の子の場合には、具象的な人形で飽きずに長いこと遊ぶ様子も観察される。これはむしろ、人形そのものより、人形を使った場面のシチュエーションに対する「構成力」を楽しんでいるのだろう。たとえ具象的な人形を使っていても、「構成力」を発揮していたら、創造力の育成に効果はある。人形が具象的であるからこそ、「構成力」が刺激される事もあるだろう。ただ、いま市販の人形は洋服から家具、調度品に至るまで、きわめて具象的な小道具がそろっており、その辺のガラクタを持ってきて人形のいる環境を構成する余地はほとんどない。子どもが長い時間遊んで、人形に託していろいろなストーリーを展開するのはいい事だが、「創造の三源力②（想像力、イメージ力、構成力）」を豊かに発揮させる、という意味からは少し物足りない。

電車の模型の場合にも、単にスイッチを入れて走る電車を眺めるだけでなく、その辺のガラクタを持ってきて、駅や街を作るようなら、「構成力」は発揮される。問題は、電車やその周辺のおもちゃが、あまりにも具象的過ぎると、ガラクタを使った抽象的な駅や街とバランスが取れないこともありうる。子どもは、このようなバランスに意外に敏感だ。創造力を育てるためには、人形でも電車でも、子どもがイメージを膨らませる余地を残し、ガラクタで周辺の環境を構成したくなるような、できる限り抽象的なおもちゃがいいのだが、おそらくそれでは売り物にはならないだろう。

子どもは、3歳を過ぎると周辺の家具や布団や、ありとあらゆるものを集めてなにかを作り始める。それは家だったり、船だったり、飛行機だったり様々だ。もちろん大人からみれば、そうは見えないので、ただ散らかしている、と思う親が多い。でも、子どもにとっては偉大な創造なのだ。長じて大発明をする力、大きな改革をする力がそこで養われている。子どもが何かを作り始めたら、それを大切にして、出来上がったものを尊重して、できうる限り壊さない配慮が必要だ。どうしても片づけなくてはいけないときには、子ども自身にそれを壊させるようにしよう。「なにつまんないことをやっているの」という親のひと言や、せっかく出来上がったものをすぐ片づけてしまう無神経な行為により、子どもの創造力は無残にも破壊される。

「構成力」をはぐくむためには、組み立て式のおもちゃがいい。いまはその代表格が「レゴ」だが、日本の保育の世界に革新的な旋風を巻き起こした、故・斎藤公子《さいとうきみこ》はプラスティッ

図１　Ｋ君の作品　本人いわく「馬を運ぶ船」

クの感触は子どもの感性の発達によくない、木、紙、石、布、泥などの自然な素材に触れさせるべきだといっている。プラスティック製のおもちゃばかりが氾濫しているいまのご時勢で、これは難しい事だが、私は耳を傾けるべきだと思っている。またレゴは、周辺の小道具がよくそろっているが、やはりあまりにも具象的であることが気になる。したがって、レゴではなく、シンプルな木製の積み木、あるいは木製の組み立ておもちゃがあれば、子どもの感性の発達にも創造力の育成にも貢献するだろう。モンテッソーリ教育の「教具」は、子どもが「フロー」に入りやすいように工夫されている。それにとどまらず、子どもの創造力がゆたかに育つためのおもちゃの開発は、今後の課題ではなかろうか。

図1は、5歳のK君の作品だ。単にごみが積んであるように

図2　馬がいる場所には屋根が作られ、餌として細切りの紙のクッションも置いてある。K君の馬に対する愛着が表れている

しか見えないが、本人に言わせると、これは「船」だそうだ。単なる船ではなく、馬を運ぶ船であり、雨が降ってもぬれないように屋根のある場所に馬が2匹おり、餌として細切りの紙のクッションが置いてある（図2）。単に作るだけではなく、そこになんらかのストーリーを感じさせる作品だ。このころK君は馬に夢中になっており、乗馬の練習を始めたばかりだった。馬のいる場所に屋根を作ったのは、馬に対する並々ならぬ愛着の表れだろう。この例では、レゴの馬と人形が具象的であることが、創造を刺激した可能性がある。船を構成するガラクタ（木切れや積み木など）と、具象的な馬と人形が比較的自然に組み合わさっている。この馬と人形はレゴの牧場のキットの一部だが、牧場の精巧なレゴの小道具（フェンス、ゲート、樹木、花など）は船には持ちこまれなかった。なお、ここに見えている積み木は次章で紹介する「KAPLA《カプラ》」だ。

2

創造力を伸ばすおもちゃとは

「フロー」を大切にした教育

モンテッソーリ教育の創始者、マリア・モンテッソーリ（1870―1952）は、26歳にしてイタリアで女性として最初の医学博士となった後、精神病院に勤務し、国立特殊児童学校の校長として、知的障がいの子どもたちの教育に取り組んだ。そこで子どもたちが意識の集中状態（フロー）を体験すると発達が著しく促されることを発見し、それを健常児にも生かすべく一般的な「教育学」として練り上げた。子どもたちが「フロー」に入ることを促進するためには、大人からの統制や指示・命令をやめるだけではなく、「教えない」、「叱らない」、「なおさない」、「批判しない」、「褒めない」など、教師は全面的に受動的であることが要求される。また、子どもたちが、いつ・どこで・何をやるか、完全な「行動の自由」を与える必要がある。それに加えて、モンテッソーリ教育では、子どもたちが「フロー」を体験しつつ機能訓練ができる、膨大な数の「教具」が用意されている。

その例を次ページに示す（0歳―3歳児向け）。まず、数の多さに注意してほしい。さまざまな形状の穴に、それに対応した形状の積み木などを入れる。あるいは、棒にリングを通すなど、ちょうど対応する年齢の幼児が夢中になって繰り返して作業しそうな教具がそろっている。種類が多いのは、ひとつの種類でひとつのスキルが発達するように設計されているからだという。幼児のスキルの発達に関して、かなり詳細な分析がされたのだろうか。これらは、かなり高価だ。それはモンテッソーリ教育の施設だけで用いられており、生産数量が少ないためだ。モンテッソーリ教育が提唱されて一世紀もたつのに、これらのエッセンスを汲んだ安価なおもちゃは、なぜか普及していない。

「フロー」に入る、あるいは創造力を育てるという意味では「砂で城を築く」などの遊びはとても有効なのだが、それを否定する発言もモンテッソーリの著書には見られる。

「幼児は、自然な傾向として、文化を受け取ることに適しているのに、社会は遊びと睡

ひき出しつき玉入れ

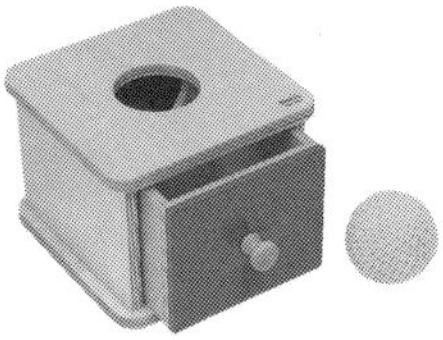

ひき出しつき毛玉入れ

スリップ式ふたつき円盤落し箱

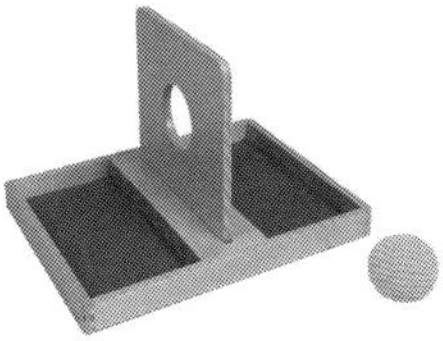

毛糸玉通し

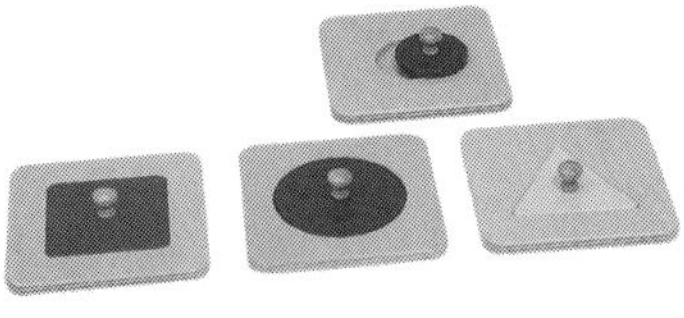

はめこみパズル

3色シリンダー入れ

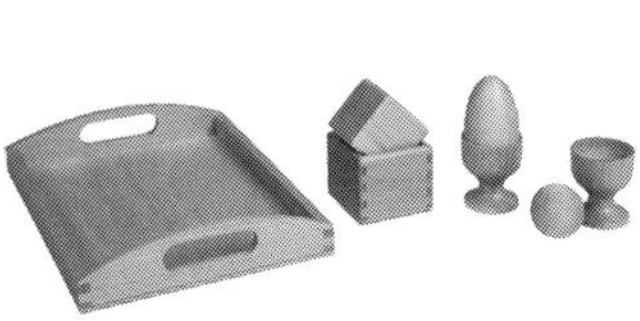

はめこみ立方体

トレイつき玉入れ

円柱おとし

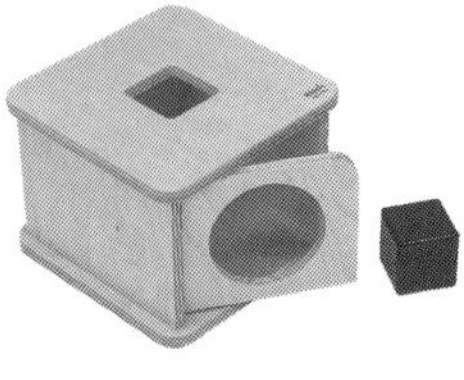

立方体おとし

三角柱おとし

色と大きさのことなるリングさし

フリップ式ふたつき立体落し箱

リング横通し

リングさし

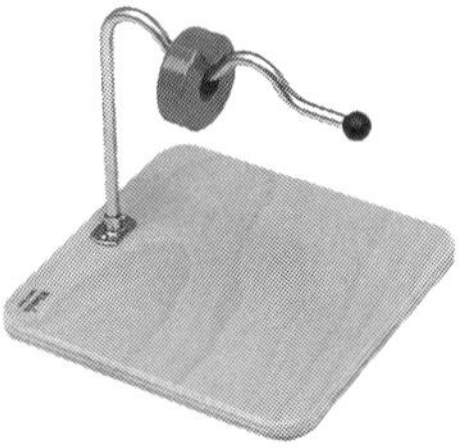

曲線リング通し

キューブさし

はめこみ円盤

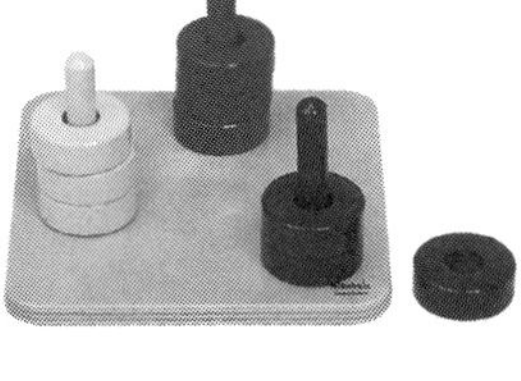

3色リングさし

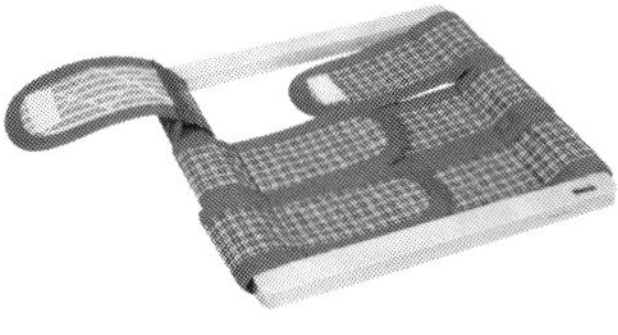

未満児用着衣枠

眠という扱い方で、子どもを、この敏感期に見捨てているのです。（中略）おもちゃで遊んだり、砂で城を築くままにしておかれても、子どもはこのような複雑な世界でどのようにして文化を吸収することが可能でしょうか。（中略）文化の歩みを伝えるような事物を子どものまわりにおいて、ふれられるようにすべきだというほうが論理的でしょう（『モンテッソーリの教育　０歳―６歳』）」

このような発言から、「モンテッソーリ教育は遊びの大切さを軽視している」という批判があったようだ。それに対して、モンテッソーリ自身が反論している。

「フレーベルと異なり、幼児に遊びを許さないで作業のみを課す、という批判が（モンテッソーリ教育に対して）ある。これは全く誤解である。幼児の秘密のひとつはどこまでも〝遊び〟にあるから、子どもの遊びは活動や作業の形をとっても、決して定式化したおもちゃや遊具によって曲げられてはならない」「遊びが子どもの発達に重要な関係を持っていることは明白です。また遊びの特徴として、遊びにおける子どもの活動は大人によって統制されたり命令されたりしないこと、そして、遊びやそこに含まれている活動の目的は、遊びまたは活動自体であってそれを超える何物でもないということもまた明白です」

モンテッソーリの「教具」は、子どもたちが夢中になって遊んでいるうちに、感覚や運動機能を鍛え、道具にあふれた今の社会の中で生活していく訓練になるように設計されている。これは、モンテッソーリ教育が、知的障がい児がなるべく早く普通の生活ができるようにトレーニングする、という目的をルーツとしてきたからだと私は推定している。

私の目から見ると、そのために創造力の育成という要素が欠けており、少し物足りない。このことは、モンテッソーリの次の発言からも読み取れる。

「私たちの子どもの家ができる前は、子どもの自然な衝動をおもちゃや遊具で遊ぶようにと導くのがふつうでした。もし、子どもがおもちゃや遊具で制限を受けるなら、遊びの活動はおもちゃや遊具を中心にしたものであって、それ以上のものではないということは疑いありません。この方法は、子どもたちがことばや真の知識にうえている人生の敏感期に、空想的な詩やおとぎ話を子どもたちに与えていた古い方法と同じものです。私たちの子どもの家では、私たちは子どもの自然な遊びへの愛に応じますが、その遊びに現実に即した活動をもりこみます。人は子どもの家にある教具や設備を研究しなくてはなりません。そして空想ではなく現実が、つくり話ではなく現実がいかに有益に子どもの遊びの活動に提供されているかを理解するために、そこでの子どもたちによる実際生活訓練と感覚訓練の様子を研究しなければなりません。遊びの活動のよろこびは、このような現実との接触によって増大されることが明らかに見られました」

モンテッソーリが古いと否定した、空想的な詩やおとぎ話というのは、確かに現実の生活に役立つわけではない。彼女は、それらを切り捨てて、より現実に即したトレーニングをすすめているように聞こえる。ここにも障がい児がなんとか早く普通の生活ができるように、というモンテッソーリ教育のルーツが感じられる。

しかしながら、子どもは本来、とても豊かなファンタジーの世界に生きている存在だ。現実とファンタジーが、ときにはごっちゃになることも子どもの特権だ。空想的な詩やおとぎ話は、そのファンタジーの世界を広げてくれる。

そして、このファンタジーの世界こそ創造力の源泉なのだ。具体的には「創造の三源力②」の「イメージ力」、「想像力」につながっている。また、上で述べた「砂で城を築く」という遊びは「構成力」を育てる。

モンテッソーリの発言とはまったく逆になるが、創造力を育てるためには、現実よりも空想やつくり話のほうが、むしろ大切だ。

モンテッソーリの主張は、実生活に役に立つようにということに重きを置いており、創造力の育成はあまり重視していないように、私には聞こえる。「教具」は、とても体系的によく考えられており、子どもの適応力はつくし、「フロー体験」をさせてくれる。しかしながら、「創造の三源力②（想像力、イメージ力、構成力）」が発揮できる余地が少なく、創造力の育成にはあまり貢献しない。

実際にモンテッソーリ教育で育ってきた人たちは、一般の人に比べて、はるかに創造力ゆたかだ。それは全般的に自由にのびのび育てている結果だろう。したがって、「教具」が創造力向上を志向していなくても、子どもの成長にはなんの差し支えもないのだが、もうひと工夫することにより、いまよりもさらに大きく創造力を伸ばせる可能性はありそうだ。

上記の「遊びを軽視している」という批判に対するモンテッソーリの反論の中に、フレーベルという名前が出てきた。フリードリヒ・W・A・フレーベル（1782―1852）は、「幼児教育の父」と呼ばれており、教育関係者で知らない人はいない。幼稚園（Kindergarten＝子どもの庭）という言葉も概念も彼の発案だ。

子どもをよく観察する中から、内からこみあげてくる衝動を大切にすることを主張し、遊び、栽培、描画、歌、お話、運動遊戯などの一連の活動を奨励した。

彼の教育哲学は次の言葉によく表れている。

「かの庭師や農夫が、彼らの作物を自然との全面的な関連において完成させ、あらゆる要求に応じて育てているのと同じような方法で、子どもや人間を、その本性、その内的法則に忠実にしたがい、生命や自然との濁りなき、融合において、一切の生命の根源と絶えざる融合において観察し、発達させ、そして教育し統治するように、我々が努力する（フレーベル『幼稚園教育学』）」

この表現は少しわかりにくいかもしれないが、生物の内側にも外側にも宇宙の流れ、大自然の法則、生命の潮流が流れており、植物はそれにそって自然に育つ。子どももも大自然の法則にそって成長するので、教育者は農夫が作物を育てるように見守り、いつくしみ、援助しなければならない、という意味だろう。そして、その自然な発達を促進するため、フレーベルは一連の形状の積み木を用いることを提案し、それに「恩物《おんぶつ》」と名づけた。これらの形状が、神の恩寵の表れだというのだ。彼の教育学はしっかりと宗教性に立脚している。

「人間の本性は、内に生きているもののために、人間の内的なもののために、およびそれを外的に表現するために、一個の対応する対象物、すなわち彼に対立しているが同一である対型（Gegenbild ＝対抗する形象）を要求するのである」「もしも人間のこの要求、この努力一般が、外から現れてくる適当な対象物によって子どもにみたされないならば、子どもは彼の本性のこの要求の満足を、自分の想像力や空想力でみたそうとするのである。しかし想像力や空想力の形象（イメージ）は、人間、そしてすべての子どもさえも、限りのないもの、形のないものへ非常にたやすく導くものである。同様にまたこの空想の形象は、それによって同時に人間を……しかもすでにその早期の発達において、少なくとも外的表現の点で……強めるよりは弱める方へ、また彼の全面的な形成より一面的形成へ導くものである。その全面的な形成は、人間がすでに子どもの時から、自己の本性にしたがって追及しなくてはならないものである。それゆえ、子どもにはひとつの対象物を与えなければならない」

この表現もかなりわかりにくいし、私も真髄を理解したとは言いがたい。おそらく、フレーベルは直感的になにかをつかんだのだと思われる。それは、この宇宙の成り立ちにおいて、根源的な一連の形状があり（ユングのいう〝元型＝アーキタイプ〟の形状版のようなものか？）、その形状のイメージを具体的にしっかりと発達させることによって子どもは全面的にバランスよく発達する。そのためには、その形状を外から与えてイメージの発達を助けた方がいい、ということなのだろう。正直言って、私には宇宙に元型的な形状が存在するのかどうかはわからない。ただ、幼児教育の世界に革命的な思想を導入し、今日の幼稚園、保育園の基礎を作ったフレーベルの言葉だから無視することはできないかな、とほのかに思っている。

フレーベルの「恩物」は、球、円筒、立方体など10種類に及ぶ。ほとんどの形状は、市販の積み木にもある。「恩物」と「市販の積み木」がどう違うのか。子どもの発達にどういう影響を与えるのか。また、後述の「KAPLA《カプラ》」のように無塗装の白木の積木と、原色の塗装した積木がどう違うのか。0歳―1歳児は原色に惹かれる、という意見もあるようだが、無塗装の白木の美しさも捨てがたい……など、など、疑問は尽きない。

これは、私の勝手な推測だが、フレーベルが「恩物」を提案した時代には、世の中にはまだ「積み木」というおもちゃはなく、物の「形状の元型」を人々がなかなか形成できなかった可能性もある。

大脳新皮質における視覚の認識は階層構造になっているが、視覚第1野はもっぱら平面図形的なトポロジー（直線、クロスした線、直角に曲がった線、円、三角、四角など）を抽出する。たとえば、生まれたての猫を一定期間、縦縞しかない空間に閉じこめると、この視覚第1野が正常に発達せず、その猫は横縞が見えなくなることが知られている。視覚に異常をきたすのだ。まんべんなく、いろいろな形状を見ることによって、平面図形的なトポロジー認識が正常に発達する。これらは二次元的な認識だが、さらに上のレイヤーでは三次元的な形状の認識をしている層がある。「恩物」のような元型的な物を見たり触ったりすることは、そのレイヤーの発達を助け、視覚系のみならず、空間認識能力の発達に貢献するだろう。

しかしながら、もしそれだけが「恩物」の役割だとしたら、積み木が氾濫している現在では、「恩物」の役割はもう終わっているのかもしれない。このあたりはフレーベルの研究者に教えを請いたい。

さて、モンテッソーリの「教具」と、フレーベルの「恩物」について紹介してきた。これらは、モンテッソーリ教育、フレーベル教育を標榜する教育機関ではそれぞれが神聖視され、熱心に用いられてきた。しかしながら、一部には硬直化、形式化しているという批判もあったようだ。高名な哲学者、教育学者のジョン・デューイ（1859―1952）も批判したひとりであり、そのためもあってか、これらの「教具」や「恩物」はそれぞれの教育機関以外ではほとんど用いられていない。モンテッソーリの「教具」は、大量生産されれば、価格は一桁近く下がるだろう。

子どもの創造力を伸ばすおもちゃ

さて、現在市販されているおもちゃの中で、子どもたちの発達を促し、創造力を育成するように配慮されたものはきわめて少ないと前章で述べた。その少ない例外の一つが

「KAPLA」と呼ばれるフランス生まれの積木だ。これは同じ大きさの無塗装の木製の直方体（7・8×23・4×117・8㎜≒1：3：15）なのだが、とても精度よくできており、温度や湿度でも寸法が狂わないので、巨大な建造物を組上げることができる。

前章で、ガラクタの作品を紹介した5歳のK君が「KAPLA」だけを使って作った作品を次ページの図3に示す。これは多分、家のつもりだろう。2階にガレージがあり、ミニカーが収まっており、スロープが設けられている。「KAPLA」には、さまざまな美しい作品例の写真がついてくる。それが子どもの創造意欲を掻き立て、模倣して作ることから遊びが始まるが、ある程度慣れたら、この例のように子どもが自由に発想して作ることが望ましい。それにより「構成力」が強化され、創造力の発達は加速される。「KAPLA」だけを用いることにより、意味のはっきりした美しい建造物が作れ、美的な感受性は刺激される。それは情操教育上すばらしいことだ。

しかしながら、前章の図1（P35）のように、たとえ姿が悪くても、さまざまな形状のガラクタを臨機応変に組み合わせる野性味は、創造力の育成という意味では捨てがた

図３　Ｋ君の作品。ミニカーのガレージにスロープが設けられている

い。

「KAPLA」は、積み木であるので固定した建造物しか作れない。また、ちょっと触れればすぐ壊れる。壊れるメリットもあり、子どもは壊す快感にも夢中になる。一方で、レゴなら簡単には壊れない強固な構造で、しかも車輪をつけて走らせることもできる。構造物の自由度ははるかに大きい。「KAPLA」のように無塗装の木材で、組み立てて動かせるようなおもちゃを作ることはそう難しくはないと思うのだが、だれか挑戦してもらえないだろうか。

3
情動の解放と創造力

お手本や指導が素直な表現の妨げになる

子どもの創造力はどうしたら育つか？　話は簡単だ。創造させればいい。それもなるべく自由に創造させることだ。絵だったら、なんの指導もしないで自由に描かせる。なおすこと、評価することは厳禁だ。なるべくお手本は見せない方がいい。お互いに模倣するようだと創造力教育にはマイナスだ。お手本や模倣は、内から出てくるものを素直に表現する妨げになる。よく保育園などで上手に描けた絵を壁に貼ってあるが、これもお手本の提示になるので避けるべきだ。

上手、下手も関係ない。大人が上手に絵を描くように指導すると、子どもの創造力は間違いなく破壊される。それは、内側から出てくるものを表現するのではなく、外側に「知識」としてのお絵描きを観念的に構築してしまうからだ。何を描くかも自由だ。また、子どもが絵を描きたいと思ったときに書かせることも大切だ。学校の授業のように、本人の気持ちとは関係なく、「お絵かきの時間」を強制的に設けることは、創造力育成のためにはマイナスだ。創造力を伸ばそうと思ったら「強制」を排し、「行動の自由」を与えなければいけない。

斎藤公子保育では、絵を描くことに関して、とことん追求している。子どもの腕の可動範囲に合わせて、どのくらいの大きさの紙にしたらいいか。紙の材質、筆記用具の種類。色を扱わせるのは何歳からがいいかなど、細かく検討されている。それだけではなく、描かれた絵から子どもの発達や生活のひずみを判断する手法が確立している。例えば、保育園の騒音が気になっているとか、誰かに監視されているように感じているとか、母親の干渉をうっとうしく感じているなど、かなり内面の深層心理的な葛藤まで読み取ることができる。また、足を使った運動が不足しているとか、どこかに異常がありそうだなど、保育上の指針や精神や身体の発達の問題点も絵にしっかり表われる。ユング派の精神療法に「箱庭療法」というものがあるが、自由に描かせた絵でもそれ以上の読み取りができることを斎藤公子は発見している。

子どもは、大人の心無い言動やしつけや押しつけ、あるいは絵の指導などにより、「情動を閉ざしてしまう」ことが多い。それは絵に如実に表れる。心の内側から出てくる情動が表現されたのびのびした線がなくなり、縮こまった観念的な絵になるのだ。一旦そういう絵を描き始めると、その子の発達はそこで止まる、と斎藤公子は言っている。何歳になっても同じような絵しか描かなくなるのだ。その状態から、子どもの情動を開放していくには、とてつもなく大変な保育が必要になる。

そして、恐ろしいことに、いまの日本の保育園、幼稚園、小学校では、ほとんどの子どもが「情動を閉ざした絵」を描いている。それがあまりにも多いので、当たり前になっており、子どもの絵はあんなものだという常識がはびこっている。斎藤公子保育で育った子が描くような、のびのびした絵を見る機会がないからだ。それが毎年約3万人の自殺者を生む社会になっていることと無関係ではない、と私は考えている。斎藤公子保育の園児のようにのびのびした絵を描いている子どもは、長じて自殺するようなことはまずないだろう。

「情動を閉ざす」という表現が、耳になじまない人も多いだろう。「情動」も「感情」も英語にすると「emotion」になる。気持ちや心持ち、といった理性や論理を超えた心の働きを表すが、「感情」というと好き・嫌いのような静的な気持ち（feeling）を含むが、「情動」というと、怒り、恐れ、喜び、悲しみなど、動的にこみあげてくる心の働きを指す。人間は、ひとつの情動を抑圧すると、ほかのすべての情動も抑圧されることが心理学では知られている。近代文明社会では、怒りをそのまま表出すると社会生活に支障が出るので、ほとんどの成人は怒りを抑圧している。そのために人間本来の「生きている」という喜びを感じられる状態の人はきわめて少ない。

幼児期に自然な情動の発露を繰り返し否定されると、情動の源である古い脳（主として辺縁系）の働きが鈍くなり、また、古い脳と意識を司る大脳新皮質との連絡が弱くなる。それでも日常生活には差し支えは生じない。知識の学びはまともにできるし、論理的な思考はしっかりしており、お勉強はできる。また、友達とはちゃんと付き合うことができ、聞き分けは良いので、ほとんどの親は問題点に気づかない。ところがその子は、人生をたくましく生きていくための「生きる力」が弱く、創造力は絶望的に貧弱だ。いまの日本の社会は、ほとんどの子が情動を閉ざし、創造力を削がれて育ってくる。それが大きな問題だと気づいている人は少ない。

図４　情動を閉ざした子の描いた絵　２点

図４に情動を閉ざした子の絵を示す。ほとんどの人は、この絵がなんで問題なのか理解に苦しむだろう。どこの幼稚園、保育園、小学校に行っても子どもたちの絵はこんなものだ。前述のように、実はそれが大問題であり、ほとんどの子が情動を閉ざしたまま

育っている。情動がまともに解放された子の描いた絵を見る機会は、いまの日本社会ではほとんどない。

図4の絵を描いた同じふたりの子が、3か月後に描いた絵が図5だ。違いは歴然としており、誰にでもわかるだろう。その3か月間、この子たちは絵を描くことは禁止されており、絵を描く練習をしたから絵が変わったのではない。その3か月間は、ひたすら情動が解放されるワークを行っており、そのワークが終わって最初に書いた絵が、図5なのだ。

図５　情動が解放された子の絵の例　２点
図４・５ともに
『生物の進化に学ぶ乳幼児期の子育て』
斎藤公子著（かもがわ出版）より

さて、図4と図5は、いったいなにが違うのだろうか。子どもたちの描いた絵から、精神状態や発達の状態を読み取るには専門的な訓練が必要なのだが、誰の目にも図5の方が、線が伸びやかなのはわかるだろう。自分の内側からあふれ出てくるものを、そのまま表現できれば線は伸びやかになる。情動が閉ざされると、外側の観念だけで絵を描くので、図4のように線が縮こまってしまう。斎藤公子は、いかに観念を壊すか、情動の蓋を開けるか、ということに心を砕いた。「創造力」というのもお絵描きとまったく同じだ。外側の観念だけを使っていくら思考しても、当たり前のもの、常識的なものしか創作できず、創造的にならない。

土遊びで情動が開いた

このふたつの絵は、斎藤公子保育を実践する保育園における例だ。あるとき、卒園を4か月後に控えた年長児たちが、軒並み図4のような絵を描いているのが発見された。ひとりふたりではなく、ほぼ全員だったということは、その保育園の保育の失敗が疑われた。園長から相談を受けた斎藤公子は、まず園児のお絵描きを全面的に禁止した。普通なら、絵に問題があればお絵描きのトレーニングをするだろう。ところが、情動を閉ざした状態でお絵描きを教えれば、余計に情動はきつく閉じてしまうので、まったく逆効果だ。

斎藤公子はまず、大量の土を購入して園庭に大きな山を築いてもらった。それら20人の園児全員にスコップを与え、山の周りから、ひとりひとりが穴を掘り、中心で合流する、という課題を与えた。園児たちは、毎日嬉々として穴掘りにいそしんだ。3か月後にようやく穴が開通し、山の真ん中で合流した。園は喜びの歓声につつまれた。その直後に書いた絵が、図5だ。これは、前著『「生きる力」の強い子を育てる』でも紹介したが、子どもたちが3か月の長期にわたって、穴を掘るという課題に取り組み、「フロー」に入ったことで、閉ざしていた情動の蓋が開いたのだ。

長期にわたって、全身を使って、土にまみれた作業は、モンテッソーリ教育における「教具」による短時間の「フロー」に比べて、はるかに深いフロー状態に入れるだろう。

その分だけ、子どもたちの精神に与える影響は大きい。図5のような絵を描くようになれば、その子の創造力は間違いなくゆたかになっている。それは、大発明や社会の改革につながるかもしれないし、そうでなくとも日常生活や、あらゆる職業で細かい工夫を提供して喜ばれるだろう。逆に、図4のような絵を描いた状態で育ってしまうと、いくら学業成績が優秀でも、固定観念から抜け出せずに、杓子定規に物事を扱うので、社会でも家庭でもお荷物になりかねない。その子は「自己否定感」から逃れられず、さまざまなトラブルに見舞われるだろう。

1章、2章で紹介したK君は、斎藤公子保育で育ってきたが、6歳の卒園前に書いた絵を口絵に示す。動物園に行った直後に書いた絵だ。左下のカバの親子が可愛いが、本物がこのようなポーズをとっていたのだろうか。情動が解放されており、線がのびのびしていることに注意をしてほしい。子どもが6歳に達した時に、一度自由に絵を描かせてみよう。図4のような絵を描くようなら、じつは大問題だ。大自然の中で体を大きく使った遊びに夢中になるなどを通じて、子どもの情動が解放されるような配慮が望ましい。

さて、K君はこの絵を描いた直後に普通の公立小学校に入学した。斎藤公子保育で育ってきたので、文字も数字もまったく知らず、他の子とのギャップに驚いたようだった。しかしながら、「フロー」が身についていたので、文字と数字に夢中で取り組むようになり、3か月後にはひらがなの読み書きを完璧にこなし、一桁の足し算引き算のテストは全部100点を取るようになった。

普通なら、それは喜ばしいことなのだが、私はむしろ弊害を観察した。それまでのK君は絵を描くのが大好きで、家中の壁や車のシートまで落書きで覆われており、暇さえあれば絵を描く紙を要求していたのに、文字と算数に取り組みはじめたら、まったく描かなくなってしまったのだ。

これは、人間としての土台造りの作業がストップしてしまったということだ。斎藤公子も言っているが、大脳新皮質を鍛えようとすると、古い脳が司る情動の発揮が妨げられる。絵を描かなくなったということは、文字や算数の学習がK君にとってはまだ少し早かったのだ。文字の学習を、もう2、3年後にしたら、K君の人間としての土台はさらに大きく成長したことだろう。シュタイナー教育では、すべての教科を情動のオブラートに包んで提供するので、おそらくこのような弊害は出ない。脳科学がまだない頃に、シュタイナーがこれほどまでに人間の本質をつかんでいたことは驚きだ。

12章で紹介するサドベリー教育では、本人が興味を持って取り組めば、小学校6年分の算数は、早い子では週1時間×6か月（計24時間）程度で完璧にマスターするという。発達は個人差が大きく、すべての子どもに同じ内容を同じペースで学習させるいまの公教育は問題が大きい。学習に「フロー」で取り組んでいる子と、強制されてイヤイヤやっている子では、ペースは1000倍以上違うだろう。幼児期に「フロー」を身につけさせ、教科の学習に興味を持たせ、いまより圧倒的に学習時間を減らし、残りの時間を創造力が発揮できる活動をするのが理想だろう。

4
評価が創造性を殺す!

3歳までは叱らない・しつけない

本当はすべての子どもを、情動を閉ざさないように育てたいところだが、いまの日本の普通の子育てではとても難しい。3歳以下で厳しいしつけをすると、間違いなく情動を閉ざしてしまう。逆に、しつけをしないと、レストランでも電車の中でもじっとしていることはできず、大声をあげて動き回り、周囲の顰蹙《ひんしゅく》を買うことになる。親は、「お前のしつけがなっていない」という周囲の厳しい視線にさらされる。普通は耐えかねて叱る。それが繰り返されると、子どもは間違いなく情動を閉ざしていく。結果的に、図4のような絵を描く子どもばかりが育ってしまう。

日本では、聞き分けがよく、まるで小さな大人のように、場所をちゃんとわきまえている子が理想的だと一般に思われている。「人に迷惑をかけてはいけない」と、幼少期から叩きこむのだ。だが、私に言わせれば、そういう子どもは情動を閉ざし、「生きる力」

を失っており、創造力に乏しく、どちらかというと子どもらしさを失った子育ての失敗例だ。子どもが大声をあげ、動き回るのはきわめて自然なことであり、おおらかによく育っている証拠ともいえる。それを許さない社会環境はいかがなものかと思う。斎藤公子は幼児をレストランや電車に連れていくことをなるべくやめるようにと言っている。心ならずも、子どもを叱ってしまうことを避けるためだ。

モンゴルでは、子どもは神様からの授かりものだとして、3歳までは絶対に叱らない。子どもがなにかを振り回していたら、それをやめさせるのではなく、ぶつかって壊れそうなものをどけて回る。子どもが火遊びをしていても、「あ、いま火の神様と遊んでいる」と解釈して、止めるようなことはしない。モンゴル航空に乗ると、幼児が羽目を外して騒ぎまくっていても、親は注意をしないし、客室乗務員も放っておく。私見だが、モンゴル人は日本人より創造力がゆたかなような気がする。

前章の例のように、厳しいトレーニングを受けてきた斎藤公子保育園の保育士たちでも、うっかりと子どもの情動を閉ざしてしまうくらいだから、トレーニングを受けていない大人に育てられる子どもたちが情動を開放したまま育っていくことは、ほとんど期待できない。前述のように、大多数の子どもは図4（P60）のような絵を描いているので、これは間違いない。そうすると、情動を閉ざしたまま育ってきた子をどうしたら救えるかということが、いまの日本における幼児教育の喫緊の課題になる。

前章では、園児たちが土山に穴を掘るという作業を通じて、情動を開放していった例を述べた。長期間、全身を使って、「フロー」に入ることができれば間違いなく情動は解放される。穴掘りに限らず、大自然の中で、のびのびと夢中になって活動できるとい い。モンテッソーリが「フロー」のことを「集中」と呼んだように、「フロー」と「集中」は一対一に対応している。「フロー」に入るためには「集中力」が必要だし、「フロー体験」により「集中力」が強化される。

大自然の中は理想だが、室内でものびのびと夢中になって活動できれば、子どもの創造力はそれなりに育つ。そのときに大切なポイントは「能動」、「操作とフィードバック」、「内発的動機」などであり、これらを「創造力育成の三要素①」と呼ぶことにする。「能動」というのは、自ら積極的に取り組むことだ。テレビや映画を受動的に鑑賞しても、あるいは大人が読み聞かせをしても、知識を増やし情操を磨くことはあるが、創造力は育たない。斎藤公子保育では、読み聞かせの後で、子どもに絵を描かせる。心に留まった印象を絵として能動的に表現するときに創造力が育つ。

「操作」というのは「能動」とも重なるが、「絵を描く」とか「土山を掘る」といった対象に働きかける行為をいう。対象に働きかけ、自分の「操作」に対するフィードバックを自ら受け取ることで創造力は育っていく。自分の描いた絵を鑑賞することがフィードバックになっている。穴掘りなら、トンネルが少しずつ伸びていくこと、トンネル内の様子、天井が時々崩れることなどのすべてがフィードバックだ。このとき、他人からのフィードバックではなく、自分自身の五感で直接結果を受け取ることがとても大切だ。

「褒めてほしい」と期待させないように

「内発的動機」というのは心理学の堅い表現だが、外側からのなんらの報酬が期待できないのに、内側からふつふつと湧いてくるワクワク感のような動機をさす。チクセントミハイの「フロー理論」によれば、「内発的動機」に基づいて行動することが「フロー」に入る最大の条件になっている。会社における指示・命令による義務的な行動や、金、地位、名誉、外部からの評価などの外発的報酬を期待した行動では「フロー」に入ることは少ない。

モンテッソーリ教育では、教師が子どもを褒めることを禁じている。子どもが「褒めてほしい」という外発的報酬を期待するようになると「フロー」に入れなくなるからだ。前章の例では「土山に穴を掘る」という課題は斎藤公子が提唱したのだが、子どもたちが20の穴が土山の真ん中で合流するイメージを描き、それに尋常ではないワクワク感を感じて作業に入ったと推定される。上からの指示でも、本人の感性にぴったりはまれば「内発的動機」が喚起されることはあり得る。多くの優れた教育者がすでに実践していることだが、教育の秘訣は子どもたちがワクワクするような課題を次々に見つけることだ。

前章では「情動の解放」が創造力育成のために大切だと述べた。また、土山にトンネルを掘るという課題で、子どもたちが長期間にわたって「フロー体験」をしたことを述べた。もうひとつ大切なことは、モンテッソーリ教育のように子どもたちの「行動の自由」を保障してやることだ。どこでなにをやるかということに関して、完全に自由を与えることで創造力が伸びる。これらの3項目、「情動の解放」、「フロー体験」、「行動の自由」を「創造力育成の三要素②」と呼ぶことにする。

創造性に関する学問的な研究は、主として心理学の分野と経営学の分野で発展した。その両方の分野で活躍した創造性研究の第一人者、テレサ・アマビールは、多くの実験的研究で「内発的動機」が創造性発揮に重要な役割を占めていることを証明した。たとえば、外部のエキスパートの評価を意識させると、人は創造性が発揮できなくなる。いい評価を期待する、というのは「外発的動機」だからだ。チクセントミハイは、「外発的動機」が意識されると「内発的動機」が抑圧され、「フロー」に入れなくなると言っているが、同じことが創造性でも言えるようだ。いま、一般の教育では、評価することにより子どもの能力が伸びると信じられているが、じつは評価すること自体が子どもの創造力を破壊している。この重要な事実に気づいている人は極めて少ない。

5 人間の能力の階層構造

教えない方が、能力が育つ

一般には教育とは「教える」ことであり、教えることによって人は育つと考えられている。その一般常識に真っ向から歯向かうことになるが、これは根本的に間違いだ。創造力に限らず、人の能力は教えない方が育つ。

２０１５年の「第一回ホワイト企業大賞」を受賞された、高知のトヨタ販売会社「ネッツトヨタ南国」は、「叱らない、教えない、やらせない」という「フロー経営」を実践しておられる。創業者の横《よこ》田《た》英毅《ひでき》さんの経営フィロソフィーを書いた拙著のタイトルは『教えないから人は育つ—横田英毅のリーダー学』（講談社）だ。

どうして教えない方が、人が育つのだろうか。

それは、教えることができるのは「知識・ノウハウ」などに限定されるからだ。もちろん「知識・ノウハウ」を獲得すれば、その人の能力は向上する。能力が向上すれば、教育は成果を上げたことになる。それは間違いない。だから世間常識が完全に間違っているわけではなく、そう錯覚させる十分な理由はある。

問題は、人間の能力というのは多層構造になっており、「知識・ノウハウ」で向上するのは、きわめて表層的で、レベルの低い能力に過ぎないことだ。

以下に、人間の能力の重層的な構造について述べていく。

「知識・ノウハウ」を第1層とする。第2層としては「論理思考・演算能力」をあげておく。これは、考えようによっては、この後で述べる第3層以下よりも高度な能力という印象を持たれるかもしれないが、この第1層と第2層が、脳科学的にいえば大脳新皮質だけでほぼ完結している能力なので、最初にまとめておきたい。

「知識・ノウハウ」を安易に与えてしまうと、「知識・ノウハウを自分で獲得する力（第3層）」は身につかないことは、誰でもすぐわかるだろう。会社員生活でも、新しい仕事に挑戦するときには、必要な「知識・ノウハウ」を仕入れなければいけない。それは、学校のように、座っていれば自動的に降ってくるわけではないので、自ら必死になって探し回ることになる。

与えられた「知識・ノウハウ」で向上した能力は、あっという間に役に立たなくなる。実社会は、それほど状況の変化が激しい。むしろ「知識・ノウハウ」を与えないで、「自ら獲得する力」を磨かせた方が、その人の総合的な能力は向上する。

「自ら獲得する力」のさらに奥に、新しい仕事に取り組むときに、どういう「知識・ノウハウ」が必要になりそうかがわかる能力が必要だ。これはむしろ「嗅覚」と表現される直感的な能力だ（第4層）。「嗅覚」が鈍ければ、その人は新しい仕事に挑戦できず、「仕事ができない人」というレッテルを貼られてしまう。

「自ら獲得する力」も「嗅覚」も、教えたからといって身につく能力ではない。

動物園で毎日餌を与えられている動物は野性を失ってしまうが、取り戻すためには野に放って自分で餌を獲得する苦労させる以外に手段はない。

すべてがお膳立てされていて、予定調和のなかで生きていける学校の環境は、動物園と同じように子どもたちの野性を失わせている。予想できない状況の中で、知恵を振り絞って、自ら開拓しないと一歩も前に進めない社会環境では、野生動物と同じようなバイタリティーがないと生きてはいけない。

そのなかで生き抜く能力が「生きる力」であり、ペーパーテストでいい成績をとる能力などは実社会ではほとんど役に立たない。

動物園で餌を与えるように、いまの学校教育は、子どもたちに「知識・ノウハウ」を詰めこんでいる。その「知識・ノウハウ」も、使えなかったらなんの意味もない。動物園の餌なら、食べれば曲がりなりにも栄養になる。ところが、実体験から切り離された「知識・ノウハウ」をいくら与えても身につかず、それを上手に使いこなせない人が多い。

結果として、一流大学を優秀な成績で卒業してきても、実務がまったくだめな人が大勢育ってくる。私は42年間ソニーに勤務したが、そういう人を、数限りなく見てきた。

「知識・ノウハウ」はなんのために使うかというと、まずは問題に対処するためだ。したがって、人間の能力の次の階層（第5層）は「問題対処能力」になる。これは、たとえば「火事になったら火を消す」といった、どちらかというと差し迫った不都合な状況を回避する能力をいう。

ところが、火事になるには原因があり、いくら火を消してその場をしのいだとしても、原因を究明して改めない限り、また起きる可能性が高い。対処だけでは解決にはなっていないのだ。「問題の真因を追求する能力」が第6層の能力だ。

本当は火事になってから対処する、あるいは真因を究明するのではなく、火事になる前に問題を発見することが望ましい。それが、能力の第7層「問題そのものを発見する能力」だ。

第8層に「集中力」をあげた。長時間何かに集中できるかどうかは、物事の成否にかかわる。また「集中力」は、「創造の三源力①（好きになる力、夢中になる力、のめりこむ力）」と共に「フロー」に入るための必須条件でもある。

「好き」になれば、ひとりでに能力が伸びる

人間の能力は、問題を発見し解決するだけでなく、なにか新しいことを創造することが求められる。したがって、すでに説明した創造力に関連する能力が第9、10、11層に並ぶ。

本来の教育というのは創造力育成から始めるべきだろう。創造力がその他の能力を向上させるカギになっているからだ。まずは「創造の三源力①（好きになる力、夢中になる力、のめりこむ力）」を十分に伸ばす。そうすれば、のめりこんだことを実行するために必死に「知識・ノウハウ」を探り、それを獲得することでひとりでに能力が伸びる。なにかひとつのことでもうまくいけば、まったく別のテーマに取り組んだ時にも、必要な「知識・ノウハウ」を手繰り寄せ、自ら能力を上げて達成することは容易になる。学

校教育のように、すべての教科をまんべんなく習得する必要はない。好きでもないことのために、夢中になって「知識・ノウハウ」を獲得する、ということはあり得ない。まず「好きになる」、「興味を抱く」ということが、自然に無理なく能力が向上するベースになる。

第12層には創造力を発揮するために必要な能力を上げた。これに関しては8章以降で順次説明する。第13層以降は、どちらが上か下かは判然としないが、前著『「生きる力」の強い子を育てる』であげた「生きる力」のリストから抜粋し、さらに「内省力・内観力」、「人間的に成長する意欲」などを追加した。

このリストには、運動能力や芸術性（審美感覚）、あるいは慈愛や思いやりに関連する能力に関する項目を省いた。それらも含めると、項目の数は際限なく増えるだろう。すでに述べたように、このうち第1層、第2層だけが大脳新皮質のみでほぼ完結している表層的な能力であり、いまの学校教育はこれだけを対象としている。第3層以下の能力は「古い脳」が深く関与しており、「教える」ことは不可能。またペーパーテストでは評価はできない。こちらの方が人間にとっては、より本質的な能力なのだが、どうしたわけか人々の関心は薄い。社会全体が表層的な能力だけを重視し、ペーパーテストで人間の能力を評価できるという、とんでもない錯覚にはまっている。

好きでもない勉強を強制し、ペーパーテストでいい成績をとることを競わせ、落第の恐怖で子どもの尻を叩くいまの日本の学校教育は、まるで動物の調教だ。自由にのびのびとした人間を育てているようには、私には到底見えない。従順な兵士は育つかもしれないが、人間としての総合的な能力は伸び悩む。

「人間の能力の階層構造」

第1層　知識・ノウハウ
第2層　論理思考・演算能力
第3層　知識・ノウハウを自分で獲得する力
第4層　どういう知識・ノウハウが必要になりそうかを感知する嗅覚
第5層　問題対処能力
第6層　問題の真因を追及する能力
第7層　問題そのものを発見する能力
第8層　集中力
第9層　「創造の三源力①」＝「好きになる力」・「夢中になる力」・「のめりこむ力」
第10層　「創造の三源力②」＝「想像力」・「イメージ力」・「構成力」
第11層　創造力
第12層　「創造力発揮の九要素」＝「やれば出来るぞ精神」、「無謀な積極性」、「常識にとらわれない心」、「図々しさ」、「プランニングのセンス」、「木も見て、森も見る力」、「全体的な流れがどう動いていくかの予測力」、「どんなに確率が小さくてもゼロでない限り、あきらめない精神」、「遊び心」

第13層　自らを肯定する力
第14層　自らを常に磨く力
第15層　自己実現に挑戦する力
第16層　意志の力
第17層　大自然を畏敬する心
第18層　全体の中で適切で調和的な立ち位置を確保する力
第19層　人生を楽しむ心
第20層　感受性・感性
第21層　決断力
第22層　やる気
第23層　人間的魅力
第24層　バイタリティー
第25層　交渉力
第26層　内省力・内観力
第27層　人間的に成長する意欲

6

学校教育ではなぜ創造力が育たないのか？

「与える教育」から「引き出す教育」へ

創造力が「内側からあふれてくる力」であることは、「内発的動機」などといったややこしい言葉を持ち出さなくても、誰でもわかっているだろう。どんなに多くの知識を獲得しても、学業成績がいくらよくても、超一流大学の学生であっても、創造力がゆたかだとは限らない。前述のように、ペーパーテストで創造力を評価する事は不可能だ。創造力とはこういう力ですよ、と知識をいくら与えても子どもの創造力は強化されない。すでに述べたように、いまの学校教育での教科の学習は、子どもたちの創造力を削ぐことはあっても、伸ばすことは期待できない。

本来なら、創造力を発揮させるべき図画工作や音楽も、いまの学校教育の中では、予定調和の中でスキルの向上のみに焦点が当たっており、子どもたちがのびのびと創造力を発揮する姿勢が尊重されているようには私には見えない。だいたい、図画工作の時間、音楽の時間を設けて、子どもたちがその気になっているかどうかと無関係に、その時間は強制的にやらせるという、教科という考え方が、前述のように創造力育成に反するのだ。

いまの学校教育は基本的には「与える教育」であり、教師が知識、スキルや操作能力を外側から与える事が教育だと信じられている。創造力というのは、人間が元々持っている力を発揮できるようにし、磨き上げることで伸びていく。いくら教師が与えても、子どもの創造力が伸びるということはない。つまり創造力強化には、「引き出す教育」以外にありえない。

「引き出す教育」を提唱し、実践してきた教育者は多数いる。その一連の教育を、私は「人間性教育学」と呼んでいる。先に述べたモンテッソーリ教育、フレーベル教育のほか、シュタイナー教育、サドベリー教育など多数ある。次ページの表1に「人間性教育学」提唱者の一覧表を載せる。グリーンバーグというのは、後で述べるサドベリー教育の提唱者だ。

表１「人間性教育学」の系譜

1	ジャン＝ジャック・ルソー	（1712—1778）	フランス
2	ヨハン・ハインリッヒ・ペスタロッチ	（1746—1827）	スイス
3	ヨハン・フリードリッヒ・ヘルバルト	（1776—1841）	ドイツ
4	フリードリッヒ・ヴィルヘルム・フレーベル	（1782—1852）	ドイツ
5	エレン・ケイ	（1849—1926）	スウェーデン
6	ジョン・デューイ	（1859—1952）	アメリカ
7	ルドルフ・シュタイナー	（1861—1925）	ドイツ
8	マリア・モンテッソーリ	（1870—1952）	イタリア
9	アレクサンダー・サザーランド・ニイル	（1883—1973）	イギリス
10	セレスタン・フレネ	（1896—1966）	フランス
11	ロリス・マラグッチ	（1920—1994）	イタリア
12	ダニエル・グリーンバーグ	（1934—　）	アメリカ

※天外伺朗『ＧＮＨへ——ポスト資本主義の生き方とニッポン』（ビジネス社）より

問題は、日本は明治以来、この表に示した「人間性教育学」とは正反対の「国家主義教育学」を実行してきており、これらの優れた教育学が学校教育のなかにほとんど入っていないことだ。日本は産業革命を成し遂げた欧米の列強に、江戸末期に接し、国力、軍事力の圧倒的な違いに慌てふためいた。このままでは、列強の植民地にされる危険性が高かった。明治維新というのは、それを防ぐためにあらゆる知恵を絞った先人の成果だ。

日本という国は、江戸時代にはおそらく世界の中で最も教育が進んでおり、識字率は群を抜いて高かったと推定される。武士は藩校に、庶民は寺小屋に通ったが、そこでは読み書きそろばんのほかに儒教思想、老荘思想、仏教思想などが教えられた。これらは全人教育としてはとても優れていたのだが、列強の侵略から国を守るには不十分だった。

そこで明治政府は、ドイツの高名な哲学者ヨハン・ゴットリープ・フィヒテ（1762―1814、カントの弟子、ヘーゲルの師、ベルリン大学の創立者の一人）の教育学を中心に、全面的に欧米流の「知識偏重教育」を導入した。フィヒテは、「国家に尽くす戦士」を育てることを教育の主眼とし、「教育は国家形成の手段」、「よき市民とは国家に奉仕する人間」、「教育は国家によって完全に管理すべき」などの思想を教育学のなかに取りこんだ。この方向の教育学を「国家主義教育学」と私は呼んでいる。「与える教育」は、ほとんどが「国家主義教育学」と重なる。

「国家主義教育学」の特徴は次の通り。

Ⓐ 国家や支配者に忠実で、隣人に親切で、社会のルールやマナーをよく守り、勤勉で国や会社の発展に献身的に貢献する人を育てる。

Ⓑ 国や支配者に押しつけられた枠の中でしか発想できず、視野が狭く、自らの価値観を確立できず、個性や独創性に乏しく、ひとつの方向に猪突猛進する、洗脳された戦士を育てる。

AとBとでは、まったく印象が違うが、これは同じ人間像を違う角度から見た表現であり、両方とも「国家主義教育学」で育つ人の方向性を表している。利点と欠点と言っても良い。国は常に他国と争っているので、ほとんどの国が多かれ少なかれ「国家主義教育学」を取り入れてきているが、フィヒテの影響を最も強く受けたのがドイツと日本だった。日本が、列強の植民地にはならずに、東洋では唯一近代国家に移行できたのは前述のAの利点が発揮できたためだ。また第二次世界大戦の後、敗戦国の日本とドイツが戦勝国のイギリス、フランスを抜いて、わずかな年数でGDP世界2位、3位になったのも、両国がフィヒテの教育学を実行していたおかげだ。

しかしながら、日本がヒトラーのドイツと組んで第二次世界大戦にまっしぐらに進んでしまったこと、両国とも全体主義、軍国主義、帝国主義に染まったことなどは前述Bの影響が強かったからだ。日本の百余年の歴史を紐解けば、フィヒテの教育学の利点も欠点もしっかりと刻みこまれていることがよくわかる。教育が国家の行く末に与える影響は、一般に考えられているよりはるかに強い。

よくよく調べてみると、「引き出す教育」と「与える教育」の論争は古代ギリシャから続いている。英語のeducation（教育）の語源はラテン語のeducatioであり、「引き出す」という意味だ。その精神はソクラテスの教育学にみられ、彼は「教育者は助産婦のごとくあれ。子どもを産むのは産婦であり、助産婦はただそばにいて援助するだけだ」と述べている。プラトンは、初期にはソクラテスの教育学をそのまま紹介していたが、晩年にはむしろ「与える教育」に傾斜している。教育学者の中には、「だから、やはり〝与える教育〟が必要なのだ」と、いまの日本の教育政策を擁護する主張をする人がいるが、私の目から見るとその主張は少々考えが浅い。じつは、その間にアテネはスパルタとの戦争に負けており、敗戦国の悲哀の中で、おそらくプラトンは国のために戦う「戦士」を養成しなければいけない、と思ったのだろう。スパルタという都市国家は、「スパルタ式」という言葉に残っているように、強制的に訓練を強いる「国家主義教育学」が実践されていた。「人間性教育学」が実践されていたアテネは、実際の戦争では勝てなかったのだ。

フィヒテが教育学を練ったのも、ナポレオン占領下のベルリンという、ドイツ人にとっては屈辱的な状況のもとであり、やはり「戦士の教育」にのめりこんでいったのはうなずける。国家が危機的状態になれば「国家主義教育学」が頭をもたげてくるのは当然だ。

その意味では、明治維新と第二次世界大戦の敗戦というふたつの危機を迎えて、「国家主義教育学」が採用、あるいは継承されたことは、ごく自然な成り行きだったと考えられる。「戦士の教育」は効果を上げた。明治時代は「戦士」が日清、日露戦争を実際に戦い、また産業にも貢献して日本は急速な近代化を成し遂げた。戦後は「企業戦士」が高度成長を支えた。私自身も若いころは、まぎれもない「企業戦士」のひとりだった。

洗脳された戦士ではなく、社会を変革していく人材を

日本では大正時代に「大正デモクラシー」の流れに乗って「人間性教育学」を導入しようとする国民運動、「新教育運動」が盛り上がったことがあった。しかしながら、そ

の運動は共産主義革命と結びついたこともあって、国全体が軍国主義、全体主義に傾斜していく中で徹底的に抑圧されてしまった。現在は平和が七十余年続いており、危機的状態は去っている。本来なら「国家主義教育学」から脱却できるチャンスなのだが、あまりにも長く続けて来たので、それ以外の教育の存在を知る人が少なく、袋小路に入っている感がある。国連加盟国の中でシュタイナー教育が公教育として認められていない国は、日本と北朝鮮だけだ。

もう「戦士」が歓迎される時代ではないのに、戦士しか許されない教育がゴリ押しされ、多くの子どもが苦しみ、不登校が増え、しかも子どもたち全員の創造力の発達が犠牲になっている。「欧米に追いつき追い越せ」と言っているうちは、「国家主義教育学」が威力を発揮し、日本の発展に大きく貢献した。「支配者に忠実で、ルールやマナーをよく守り、よき隣人で、勤勉で、国家や企業のために献身的に貢献する人」が育てばよかったからだ。「個性や独創性に乏しく、洗脳された戦士」でも人真似なら得意だった。しかしながら、そういう教育では、グーグルやアマゾンを創業するような人はなかなか育たない。発想が社会の常識や規範から一歩も出られないからだ。

いまの日本に必要なのは、「洗脳された戦士」ではない。「自らの価値観を確立し、常識を破り、社会を変革していく人材」だ。つまり、日本の国力が向上した結果、「創造力が必須な世の中」になってきたのだ。したがって、日本のいまの教育政策は時代に合っておらず、抜本的に見直さなくてはいけない。そのための活動も重要だが、全体が変容するためには、どうしても時間がかかる。日本の教育が変容するのを待っているあいだにも、どんどん子どもは育ってくる。本書は、日本の学校教育全体の改革はさておき、子を持つすべての親を対象に、まずは自分の子を創造力ゆたかに育てて欲しい、という願いをこめて書いている。

以下に、まえがきでご紹介した植松電機の植松努さんの文章を載せる。子どもたちの創造性を伸ばしたい、という強い想いがにじんでいる。

創造力――ロボットに負けない人材を

植松 努

いま、世界は大きく変化しています。科学が発達し、昔不可能だったことが、どんどん可能になっています。どんどん便利になっています。

様々な仕事が自動化され、ロボットも高性能になり、昔の少年雑誌に描かれていたような、「ロボットが仕事をしてくれるので、人間は働かなくてよくなります」という時代が、どんどん現実のものになってきています。

でも、昔の少年雑誌には描かれていなかったことがありました。実はいま、働く場所を、ロボットに奪われている人がどんどん増えています。

日本は、明治維新のあとから、人口が急激に増え続けてきました。

特に、戦後の経済成長は著しく、社会の景気需要は増え続けました。

そのときには、供給が足りませんから、大急ぎで、沢山のものを作らなければいけません。だから、会社の生産能力は、どんどん大きくなっていきます。

もちろん、大企業以外でも同じです。「のれん分け」という言葉がありました。師匠の元で修練したお弟子さんが、独立して開業することはよくありました。なにしろ、供給が足りない状態だったのです。同じ事を繰り返していても、いくらでも仕事がありました。

でも、2004年から、日本の人口は減り始めました。それとともに、社会の需要が、急激に減り始めました。

企業の中には、需要を維持するために、製品の寿命をわざと短くして、無理矢理買い換えさせるビジネスが増えました。そのため、人は生活するために、余計にお金がかかるようになり、より多くの給料を必要とするようになりました。日本の人件費が高騰します。

この頃、ちょうど、アジアの各国の技術が向上し、低賃金労働力が手に入ります。

そのため、製品の価格はさらに安くなり、企業はほっと一息つきます。でも、多くの仕事が日本から海外に流出し、日本人の働く場所は減りました。

しかし、アジア各国の生活水準が急激に向上したために、賃金が急激に上がり、安い製品を作れなくなりました。その頃、ちょうどタイミングよく、コンピュータの性能が向上し、ロボットの性能がとてもよくなります。そのため、世界規模で、さまざまな仕事の自動化が、一気に進むことになります。信じがたい速度で、人の働く場所がなくなっています。

これからの時代は、人間は2種類に分かれます。ひとつは、ロボットや自動化に仕事を奪われる、同じ事を繰り返す人達。もうひとつは、ロボットや自動化を駆使して、いままで不可能だった新しいことを創造する人達です。

では、どうやったら、新しいことを創造する人を増やせるのでしょうか?

人間は、昔、みんな原始人でした。原始人は暮らすのが大変です。気候変動や、天変地異、疫病や天敵もいました。それらに対して、工夫して、よりよくを求めた人達だけが生き残りました。なんの対策もしなかった人たちは滅んだのです。だから、実は、私たちには、「くふう」と「よりよく」の遺伝子がしっかり受け継がれています。だから私たちは、幼少期に「いたずら」をしたいのだと思います。幼少期の「いたずら」は、悪意がありません。興味と好奇心から生じています。

僕は、紙飛行機を作るのが大好きでした。自分なりに研究もしました。だから、小学生の頃は「飛行機博士」と呼ばれていました。でも、中学生になったら、「博士」は「バカの代名詞」になっていました。テストや成績に関係のないことは、「やらなくていい、くだらないこと」になりました。

だから、小学校の頃に一緒に飛行機を作った友達も、部活の中からやりたいことを選び、あそぶヒマもなく部活をがんばるようになりました。でも、彼らは、先生や先輩に命令されたことはどんどんやりますし、挨拶も大声でできますが、それ以外は、「だりい」「めんどくせ」と言うようになりました。

僕は本が好きでした。でも、漢字の読みは100点なのに、書き取りが常に0点です。だから先生に「お前は国語がダメだ！」と怒られます。僕は国語の授業が怖くなって、嫌いになりました。

僕は計算が好きでした。小学生の頃から電卓を駆使していろんな計算をしていました。でも、その結果、筆算ができなくなりました。だから、僕の算数のテストは0点です。だから先生に、「お前は算数がダメだ！」と怒られます。僕は算数の授業が怖くなって、嫌いになりました。

でも僕は、好きなこと、興味のあることを、やめることができませんでした。その結果、学校の成績はよくありませんでした。僕は単純に暗記するだけの勉強が、どうしてもなじめませんでした。学校の勉強よりも、自分で専門書を見ながら、いろんな事を調べたり考えたりするのが好きでした。

でも、大学に入ったらテストが大好きになりました。なぜなら、大学のテストは、問題が難しいけど、いくらでも資料を持ちこんでよかったからです。調べて考えられたのです。

そしていま、僕は飛行機やロケットを設計して作る仕事ができています。そこでは、暗記にたよる仕事はありません。沢山の情報を使いこなして、問題を解決し、よりよくを目指すのです。

僕は国語も算数も成績が悪かったけど、ダメじゃなかったです。

人間は、本来創造力を持っているのです。その元になる「興味」や「好奇心」は遺伝子に組みこまれています。しかしそれを、「受験」「学力」という他者評価が潰しているように感じます。しかも、その「受験」や「学力」という基準は、明らかに、人口が増えている時代の、ロボットがいない時代の、ロボットのような従順でまじめな人間を作るためのものに見えるのです。

「余計なこと考えないで、言われたことを言われたとおりに、ちゃんとやればいいんだ！」という台詞は、学校の先生にさんざん聞かされた台詞です。質問しても、意見を言っても、否定されました。これでは、思考力も自己肯定感も失われてしまいます。

幸いなことに、文部科学省もこの問題に気がついていて、まもなく、受験は大きく変化します。アクティブラーニングという、思考力を高めるための授業がどんどん増えます。しかし、問題は保護者です。保護者は昔の自分が受けた進路相談の記憶のままに、子ども達に「くだらないことやってないで、ちゃんと勉強して、いい学校に行って、いい会社に入りなさい！」と押しつけます。それが、子ども達の興味や好奇心を潰しています。そういう子達は、ロボットに負ける人になるかもしれません。

どうか、子ども達の「興味」と「好奇心」を「くだらない！」と言わないでください。ただそれだけで、子ども達の創造力は奪われず、新しい技術を活かして、不可能だった新しいことを創造する人になるのです。人口減少時代の日本を支える、価値を生み出せる人になれるのです。

植松電機には年間約１万人の子どもが訪れ、ロケットを手作りして発射実験を体験する。これを経験した子どもは間違いなく創造力が伸びるだろう
写真提供：植松電機

発射台の上のロケットを調整する植松努氏　**写真提供：植松電機**

7

私の履歴書

創造力育成、6つのポイント

さて、創造力をどうしたら育成できるのか、発揮できるのか。繰り返しになるが、私はそのキーポイントは以下の6つだと考えている。

1 「好きになる力」、「夢中になる力」、「のめりこむ力」＝「創造の三源力①」

2 「想像力」、「イメージ力」、「構成力」＝「創造の三源力②」

3 「能動」、「操作とフィードバック」、「内発的動機」＝「創造力育成の三要素①」

4 「情動の解放」、「フロー体験」、「行動の自由」＝「創造力育成の三要素②」

5 「やれば出来るぞ精神」、「無謀な積極性」、「常識にとらわれない心」、「図々しさ」、「プランニングのセンス」、「木も見て、森も見る力」、「全体的な流れがどう動いていくかの予測力」、「どんなに確率が小さくてもゼロでない限り、あきらめない精神」、「遊び心」＝「創造力発揮の九要素」

6 引き出す教育＝「人間性教育学」

このうち（5）に関しては、ここまでで説明されていない。創造力をいかんなく発揮するために必要な資質、姿勢であり、この後の章で詳しく取り上げる。「やれば出来るぞ精神」と「無謀な積極性」は、ほぼ同じ意味だが、あえて併記する。

創造性は、4章で述べたように主として経営学と心理学の分野で研究されてきたが、どちらかというと「人はどういう条件で創造性を発揮するか」というポイントに絞られており、本書のように「創造力の育成」に焦点を当てた全般的な学術研究はあまり多くはない。それは、育成といったとたんにきわめて長期的な観測が必要になり、おまけに人道的見地から対照群（創造力が育たないような育成法）は作れず、厳密な研究がやりにくいからだろう。したがって、上記（1）～（6）は、私独自の発想であり、どこかを探せばその根拠となるしっかりした学問的な研究があるわけではない。唯一の例外は4章で紹介したように、「創造性の発揮」には「内発的動機」が重要だ、というしっかりした研究があり、上記（3）と重なっていることだけだ。

上記（1）〜（6）の理論、フィロソフィーは、私自身の成育歴と子育て体験を詳細に分析することにより構築できた。個人的な体験を、一般的な理論として提示することはリスクを伴う。私とはまったく違う体験を通じて創造力を伸ばしてこられた方もおられるだろうし、上記の理論やフィロソフィーに反発を感じられた方もおられるだろう。それらも含めて、是非ご意見ご批判をお寄せいただきたい。全般的に創造力の育成に関する議論が活発化すれば、日本の教育はどんどん良くなるだろう。本書がそのためのたたき台になれば幸いだ。

以下、私の生い立ちのエピソードを記述し、その中から教訓を拾い出していく、というプロセスに入る。自分自身について書くことは、きわめて気が重い。自分が創造力を発揮した体験を書くと、いかに客観的な視点をキープするようにつとめても、どうしても自己顕示欲が頭をもたげてくる。自慢臭をうっとうしく感じられたらご容赦願いたい。

開発・研究にのめりこんだ42年間

私はソニーに42年間（１９６４―２００６）勤務し、その間ＣＤ（コンパクトディスク）、ＣＤ制作用の一連のスタジオ用デジタル・オーディオ機器、一世を風靡したワークステーション（専門家向けコンピュータ）「ＮＥＷＳ」、犬型ロボット「ＡＩＢＯ」、商品化はされなかったが二足歩行ロボット「ＱＲＩＯ」、などの技術開発の責任者を務めた。いずれもマスコミで大きく取り上げられ、その当時入社してくる技術系の新入社員のほとんどがその仕事を希望するという状況だったので、エンジニアあるいは技術マネージメントとしては十分に創造力が発揮できた方だと思う。

ＣＤとスタジオ用機器の開発を通じて、オーディオのデジタル技術規格の世界的な標準化活動も主導できた。スティービー・ワンダー、ハービー・ハンコック、フランク・ザッパなどの著名ミュージシャンなどと丁々発止とやりあいながら、デジタル・オーディオ革命を世界的にリードすることもできた。大賀副社長(当時)がカラヤンなどのクラシック界の重鎮をCDの世界に巻きこむことに腐心していたのはよく知られているが、私はひとりでポップミュージックの世界の著名ミュージシャンたちにアプローチしていた。これはあまり世の中には報道されなかった。

「NEWS」の開発では、ちょうど世の中が大型計算機からワークステーションに移行する時期であり、通産省(当時)が日本中のコンピュータ・メーカーを巻きこんで250億円の予算で進めていた国家プロジェクトと激しく戦ったが、たった11人のエンジニアで圧倒的に勝つことができた。

「AIBO」、「QRIO」の開発では「ROBODEX」というロボット博覧会を3回主催して、日本中にロボットブームをわき起こした。

ロボットの研究は人工知能の研究でもある。私は、人工知能と脳科学を統合した「インテリジェンス・ダイナミクス」と名づけた新しい学問を提唱し、その名を冠した研究所の所長を務めた。技術開発だけでなく、学術的な分野でも創造力は発揮できたと思う。

入社直後にやった仕事は、超小型アンテナで、テレビのゴースト障害を防ぐための指向性をつけるという開発だ。それまでの常識では、八木アンテナのように大きなサイズがないと指向性はつかないと信じられていた。ソニーは出遅れていたカラーテレビにポータブル機で進出することを決めており、小型で指向性のあるアンテナがどうしても必要で、創業者の井深大《いぶかまさる》さん直々の依頼だった（まだ信号処理でゴースト除去ができる以前の話。その後櫛歯フィルターが発明され、アンテナの指向性は不要になった）。私は東北大学に派遣され3年間研究にいそしんだ。そして、どんな小さなアンテナでも任意の指向性を実現できることを理論的に証明し、その理論に基づくアンテナを設計した。そのアンテナは、15年以上にわたって売れ続けた。後にこの研究で東北大学から工学博士の学位を受理した（論文博士）。戦後の東北大学の博士論文ではベスト2に入る好成績だった。学問的には、この仕事が私のエンジニア人生のなかでもっとも独創的だったと思う。

ＣＤにつながるデジタル・オーディオのプロジェクトを始めた１９７５年、世の中はオイルショックに揺れていた。日本政府は産油国に依存していたエネルギー政策を転換して、原子力発電に大きく舵を切ろうとしていた。私は、終戦直後に広島で過ごしたせいか、原子力にアレルギーがあり、原発に対して病的な嫌悪感があった。そこで、石油に代わるクリーンなエネルギー源として、東京湾に堤防を築き、月の運行に共振させて潮汐発電をする、というアイディアを思いつき、会社のアイディアコンテストに応募して賞をいただいた。模型を作ってデモをしただけでなく、本格的なコンピュータ・シミュレーションで東京湾の潮の満ち干を10倍にできることを証明した。結果は電気学会で発表し、また朝日新聞に五段抜きの記事として紹介された。ことの顛末は、『東京湾超発電計画　潮の干満から大エネルギーを』（講談社）という本にまとめた。

これは、会社の余暇時間に4人のチームでやったが、かなりユニークな研究だったと思う。基本的なアイディアは私が出した。東京湾と相模湾の海底地形の入力は全員でやった。シミュレーション全体のメインプログラムは別のひとりが書いたが、有限要素法の解析サブルーチンは私がひとりで書いた。アンテナの研究で博士号をいただいていたので、波動方程式の扱いには慣れていた。海の波も電磁波も同じ微分方程式で記述されることをこのときはじめて知った。海の波の理論や海底での波の摩擦の算出法などの勉強に始まって、プログラムの作成、実働模型の制作など、相当な時間をこのために使った。本業でのデジタル・オーディオのプロジェクトは私を責任者として始まっており、いまから考えると、よくこんな遊びに入れこんでいたなぁ、と我ながら感心する。これも「遊び心」が発揮された例だろう。福島の原発事故の後で、忘れていたこのプロジェクトのことを思い出した。

本名は土井利忠《どいとしただ》というが、まだソニーの現役時代の1987年より天外伺朗《てんげしろう》というペンネームで本を書き始め、8冊のベストセラーがある。技術屋の理屈っぽく硬い文章なのだが、最新の量子力学と深層心理学と宗教の接点から、宇宙の神秘などに取り組んだのが受けており、これも創造力が発揮できたと思う。

医療改革・教育改革・経営改革

会社での仕事以外では、主として「医療改革」、「教育改革」、「経営改革」などがテーマだ。「医療改革」は、20年以上取り組んでいるが、病院という概念を否定する過激なものだ。病院に代わる概念として「ホロトロピック・センター」を提唱している。そこでは、病気にならないように生まれてから死ぬまでケアをしてくれ、万が一病気になったら治療だけでなく、患者の「意識の変容」を医療者がひそかにサポートする。

その背景には、病気になると、「死」と直面できるので、「実存的変容」を起こしやすくなる、という原理がある。往々にして重病を経て名経営者が誕生するのはそのためだ。患者が「実存的変容」を体験すると癌が自然退縮することを、心と体の関係を追求し心療内科という分野を開拓した、故・池見《いけみ》酉次郎《ゆうじろう》医師が指摘しておられるが、病気の回復のためではなく、「実存的変容」そのものが人生にとって最重要課題だ、という発想だ。

病院なら病気が治って元の生活に戻れれば大成功だが、「ホロトロピック・センター」では、それだけでは失敗。せっかく病気になったのだから、回復とともに一段と高い精神的境地に着地するのが理想だ。この考え方は、精神的な病に限定されるが、ユングも提唱している。

患者の意識の変容をサポートしたからといって保険の点数がつくわけではなく、ひそかにサポートするので本人にもいえず宣伝にも使えない。医療者にとって実利的なメリット（外発的報酬）はなんら期待できない。したがってこのムーブメントは、意識レベルが高く「内発的動機」にしっかり接地している医療者のみしか巻きこめないのだが、きわめて大勢の徳のある医療者のご賛同をいただき、北海道から九州まで15のクリニックがこの方向へ歩み始めている。この活動もかなりユニークであり、創造力が発揮できていると思う。

私自身は医療者ではなく、医療分野での研究実績もないが、医療関係の大きな学会の基調講演を2回やらせていただいた。ひとつは２００４年の和漢医薬学会で、私の相方の基調講演は免疫学の権威で元大阪大学総長の岸本忠三《きしもとただみつ》博士だった。もうひとつは、2007年の心身医学会で、私の相方の基調講演は統合医療の世界的権威、アンドリュー・ワイル博士だった。普通はこのような大きな学会の基調講演は、その分野で顕著な業績を上げた人が選ばれる。私のような門外漢が選ばれることは極めて珍しい。とても名誉なことだ。医療関係の小さな学会の基調講演は、ほぼ毎年複数回依頼されている。医療問題の論客として、一応の立ち位置は得られたと思う。

「教育改革」は、いまの日本の学校教育を全面的に否定し、「フロー教育」などを説いている。本書が3冊目になる「人間性教育学」シリーズを書いているが、その1冊目の『教育の完全自由化宣言!』（飛鳥新社）が下村博文《しもむらはくぶん》議員（その後文部科学大臣に就任）の目にとまり、主として彼が野党時代に3年間ほどブレーンを務めた。彼の野党時代の著書『下村博文教育立国論』（河出書房新社）の政策部分は、私のレポートが色濃く反映されている。2013年には文部科学省でも講演させていただいた。教育者としての体験がまったくない私が、教育の分野でこれほどに活躍できることは本人にとっても驚きだが、やはり今までつちかってきた創造力のおかげだと思う。

「フロー経営」について最初に書いたのは『運命の法則』（飛鳥新社）という本だ。この本が、当時のプロ野球・日本ハムの首脳陣の目にとまり、コーチや選手に配られ、それまで低迷していた成績が2006年には日本一、2007年にもリーグ優勝と大躍進することに貢献できた。そのいきさつは、当時日本ハムの指導をしておられた、メンタルコーチの第一人者、福島大学の白石豊《しらいしゆたか》教授の著書『本番に強くなる―メンタルコーチが教えるプレッシャー克服法』（筑摩書房）に詳しく書かれている。また、『運命の法則』は日本経営合理化協会の目にも留まり、2005年から「天外塾」という企業経営者向けのセミナーを開いている。それが評判を呼び、日本能率協会や神田昌典《かんだまさのり》氏の（株）アルマック（当時）でも天外塾が開催された。

2007年のアルマック主催の天外塾に、当時浪人中のサッカーの岡田武史《おかだたけし》監督が参加された。岡田さんはその年の12月には日本代表監督に就任され、以来2010年の南アW杯まで「フロー経営」の指導をさせていただいた。W杯当時私は、岡田監督を指導したということで、毎週のように週刊誌に登場し、天外塾が世の中に知られるきっかけになった。いままでの経営学と正反対の「フロー経営」を体系化し、多くの企業やスポーツチームの実績につなげることができた。2015年からは、「ホワイト企業大賞」という表彰を始めており、多くのそうそうたるメンバーの企画委員とともに日本の産業界全体をレベルアップする活動を推進している。

天外伺朗として活動してきた「医療改革」、「教育改革」、「経営改革」などは、42年間勤務したソニーにおけるキャリアとはほとんど関係ない分野、その前の土井利忠という名前で活動していた期間は、エンジニアもしくは技術マネージメントという立場だったが、いずれもそれなりに成果を上げることができた。

私自身は学業成績もよくなく、スポーツもだめで、何のとりえもなかったのだが、ただひとつ「創造力」だけは恵まれたようだ。そのおかげで、とてもエキサイティングな人生を過ごすことができた。以下に、私が創造力をつちかったと思われる、生育上のエピソードを振り返る。

8

人生が開けた瞬間

グライダーの操縦で教官に勝った！

自らの歴史を振り返った時、「ああ、あのときに人生が開けたんだなぁ」と思える瞬間がある。自らの可能性に目覚めたとき。あるいは、根強い自己否定感を脱却できたとき。そして、これからの人生が光り輝いて見えた初めての体験……。その時を境に、私は人生の坂道をぐいぐいと力強く登り始めた。だから、その瞬間は鮮明に覚えている。私はのちに「CDの発明者」ということで、世の中に知られるようになったが「人生が開けた瞬間」というのは、それよりはるかに昔、大学2年生のときだった。

小学生から飛行機にのめりこんでいた私は、念願かなって高校1年からグライダーで飛んでいた。大学では、当時読売新聞社によって設立された学生航空連盟（現在はNPO法人として活動中）に個人で加入し、毎週日曜日に東京・二子多摩川の飛行場に通った。

小学生の頃から飛行機にのめりこんでいた著者。
「人生が開けた瞬間」もグライダーとの関わりから生まれた

その時私は同じ上昇気流の中を、2機で旋回をしていた。私は複座（ふたり乗り）の練習機にひとりで乗り、もう1機は単座のソアラー（高性能滑翔機）を教官が操縦していた。これより少し後に、空中衝突事故が起きて学生がひとり亡くなった。それからは、同じ上昇気流の中での操縦に細かい規定ができて、接近できなくなったのだが、このときはまだ呑気に、お互いに顔がはっきり見える至近距離で、笑顔で手を振ったりしていた。

練習機とソアラーでは、性能は格段に違う。おまけに腕は教官の方が上だろう。私は、あっという間に置いて行かれることを覚悟したが、それでも必死に操縦に集中していた。地面を見ながら運転する自動車とは違い、グライダーでは対象物がないために飛んでいるコースは自分ではわからない。少しでもバンク（傾き）が変わるか、スピードが変わると、旋回の軌道が変わり、たちまち上昇気流の外に出てしまう。おまけに、横滑りがあると抵抗が増えて沈下率が大きくなるので、三舵（方向舵、昇降舵、補助翼）の微妙なバランスが要求される。旋回で機体が傾くと、昇降舵が方向舵の、方向舵は昇降舵の役割もするようになるので、少しも横滑りをしないで何十分も旋回を続けるのは容易ではない。上昇気流中の操縦は集中力が勝負だ。

しばらく旋回しているうちに、先ほどまでは、旋回するたびにほぼ同じ高度で手を振っていた教官のソアラーに出会わなくなった。風防は透明なので、上は視界が開けているのだが、どうも上にはいないようだ。下は自分の機体の陰で、死角が大きい。「まさかな……」と思って、しばらく探していると、はるか下にソアラーが旋回しているのが見えた。２００ｍ以上の高度差がついていた。「あれれれ……」正直言って、この時は何が起きたのかはよくわからなかった。

私は、嬉しいというよりは、ひどく混乱した気持ちを抱えて、数十分後に着陸した。ありえないことが起きたのは確かだった。性能の低い練習機に乗った学生が、ソアラーに乗った教官に上昇気流の中での操縦で勝ったのだ。機体を押してピスト（出発基地）に帰る途上、学生たちは興奮して「すげーっ」というセリフを連発したが、私自身は実感がわかなかった。ソアラーは、私よりかなり早く降りてきたようで、もう次のパイロットが乗って飛び立っていった。私は、教官に挨拶しようとしたのだが、教官は唇をかんで青い顔をしており、「人を寄せつけないぞ」というオーラを発していた。よほど悔しかったのだろう。

喜びは、数日をかけてじわじわと湧き上がってきた。歩いていても、電車に乗っていても、至福感が湧き上がってくるのだ。これからの人生もバラ色に見えてきた。そのたびに、「なんでこんなに楽しいんだろう?」と首をかしげ、「ああ、そうだ、俺は上昇気流中の操縦で教官に勝ったのだ」と思い出し、さらに喜びをかみしめる日々だった。

いままでの19年の人生で、初めてと思われるような体験だった。幼少期には虚弱児童で学校はよく休んだ。当然スポーツはなにをやってもダメで、勉強も大してできなかった。後でいきさつを述べるが、たまたま運に恵まれて大学には入ったものの、教授が講義でしゃべっている内容はなにひとつ理解できず、授業にはほとんど出なくなっていた。まさに落ちこぼれの大学2年生だったのだ。

ただ唯一、いまから振り返ってみると、「好きになる力、夢中になる力、のめりこむ力（創造の三源力①）」は誰よりも強かったように思う。その気づきが本書を書かせているといっても間違いではない。小学校低学年から飛行機が好きになったと書いたが、そののめりこみ方は尋常ではなかった。新聞に飛行機の写真が載ると全部スクラップしていた。爆音が聞こえると、家から飛び出して飛行機を眺めないと気が済まなかった。中学生になると世界中の飛行機の名前や性能を全部知っていた。茅ケ崎の自宅から自転車で30分走ると藤沢飛行場があり、週末にはよく遊びに行った。あまりにも飛行機の知識があるものだから、教官が感心して練習生の飛行に同乗させてくれたこともあった。

高校1年から、グライダーを始めると、のめりこみ方はさらに加速した。高校、大学の7年間で、週末のフライト、春夏冬の合宿は、大学受験の直前を除いて休んだことはなかった。文字通り命を懸けて、グライダーにのめりこんでいたと言ってもいい。しかしながら悲しいことに、そのグライダーの操縦も決して上手とはいえなかった。初単独飛行は同期の中では遅い方だった。体重が軽いため、ちょっと気を抜くとスピードが遅くなり機体が不安定になるという悪い癖があったのだ。ひとりで飛ぶようになっても、よく教官に注意されていた。どうも俺には操縦の適性がないかもしれないな、と落ちこむ日も多かった。

それだけに、上昇気流の中で教官に勝ったということは、ひとしお喜びが大きかった。離陸・着陸・旋回などの基本操作が上手なことより、高く上がれたことが嬉しかった。グライダー乗りの価値は完璧な場周飛行よりも高く上れることだと思っていたから……。どんなに学業成績が良くても、これほどの喜びはないだろう。命を懸けているグライダーだからこそ、人生が変わるほどの喜びにつながったのだ。オセロゲームで、最後に石の色が全部ひっくり返るように、私の19年の灰色の人生が、バラ色の人生に変わった。

世の中は原理原則通りに動いている

ところが、何週間か経つと「おかしいな……」という疑問が頭をもたげてきた。上昇気流の中での操縦テクニックとして、気流の強い真ん中に素早く機体を移動させる「センタリング」という手法が知られている。ところが、この時点での私はまだセンタリングのテクニックをマスターしておらず、ただ闇雲にぐるぐると旋回していたにすぎなかった。旋回の技術だったら教官だってパーフェクトのはずだ。あれほどの差がつくというのは、少々の集中力の差では説明できない。どう考えてもおかしいのだ。

私は計算尺を取り出して（この時代、まだ電卓はなかった）、難しい計算に取り組んだ。そして、私が勝った理由は、単に体重が軽かっただけだったことを発見した。たしかに公表されているデータは、練習機に比べてソアラーの方が圧倒的に性能は高い。ところがそれは、標準的な体重の人が練習機にはふたり、ソアラーにはひとり乗った時の性能だ。やせっぽちの私がひとりで乗っている練習機は、デブの教官が乗っているソアラーより沈下率が低いのだ。10分間で200mという高度差も、まったく理論通りだった。

なんのことはない、私の操縦がよかったのではなく、単に機体の性能通りの結果が出ただけだったのだ。「なあんだ……」という感じだったが、不思議なことにそれでバラ色に人生がしぼんだかというと、そんなことはなく、私はますます人生の面白みにはまっていった。世の中の常識と違うことを発見した、という気づきがほのかな興奮を呼んでいたと思う。この興奮は、創造力発揮に大切な「※常識にとらわれない心」のベースだ（注：＊印の付いたコメントは、「創造力発揮の九要素」のひとつ）。

このとき学んだのは、「世の中は必ず原理原則通りに動いている」ということだ。一見奇跡のように見えることでも、魔法や魔術はなく、単に原理原則が見えなかっただけだ、という至極まっとうな気づきだ。これよりだいぶ後になって、「フロー」に入ると本当の奇跡が起きることを発見するのだが、それは後の章で述べよう。

私はこの計算結果を誰にも言わなかった。この後も何度かソアラーと同じ上昇気流に入ることがあったが、いつも私の方が圧倒的に上がっていった。当然だ。原理原則通りにことは運ぶ。他の学生が練習機に乗っていても同じことが起きたはずなのだが、なぜか私だけがクローズアップされ、上昇気流の中での操縦に関しては名人と思われるようになっていった。私は後ろめたい気持ちが少しはあったが、人々の錯覚を楽しんでいた。

この後、前にちょっと触れた、仲間がひとり亡くなるという悲しい空中衝突事故が起きた。同じ上昇気流の中をソアラー1機と練習機2機が旋回していて、ソアラーと練習機が衝突したのだ。衝突しなかった練習機は私が操縦しており、空中分解して墜ちていく練習機と、翼端《よくたん》を数十センチ吹き飛ばしたソアラーが何とか無事に滑走路に着陸するのを上から見ていた。学生たちも教官たちも大きなショックを受けた。飛行訓練は半年以上にわたって中止になった。

新しい操縦技術を開拓

飛べない間、私は計算に没頭した。旋回のバンク（傾き角）と沈下率の表を作った。それまでは、ほとんどのパイロットは上昇気流中でかなり大きなバンクで旋回していた。理由は、上昇気流の中では中心ほど上昇率が高く、周辺に行くほど低い、なるべく中心にとどまるためには急旋回がいいというのだ。私は、その定説は疑問だと思った。計算結果はバンクを大きくすると沈下率が急激に劣化することを示していた。急旋回で旋回半径を小さくすると、上昇気流の中心付近の強い気流にとどまるメリットと、沈下率が大きくなるデメリットが相殺される。それよりもバンクを小さくして、スピードを抜いて旋回半径を小さくした方がいいのではないか。

この計算をしていた時、私はちょっとした発見をした。性能曲線をよく見ると、最大滑空比が得られる速度よりはるかに遅い、ほとんど失速直前の速度で最小沈下率が得られるのだ。要するに速度を遅くして旋回半径を小さくすると、沈下率も小さくなる。上昇気流の中で、これは一挙両得であり、もっともよく上がる操縦法に違いない。

ところが、これはその当時の常識的なグライダー操縦法ではタブーだった。というのは、速度が遅くなるとグライダーは著しく不安定になるうえ、舵も利きにくくなるからだ。その状態で突風を食らったら、たちまち翼端失速して錐揉《きりも》みに入りかねない。グライダーの死亡事故の大半は、着陸直前に錐揉みに入って頭からの墜落だ。だから、着陸の前には相当スピードを上げるのが常識だ。高い高度を飛ぶときも、上昇気流の中でさえ、普通は安全のため、かなりスピードを上げている。上昇気流のすぐ外側は下降気流になっており、スピードが遅い状態でうっかり下降気流にたたかれると危険だといわれていた。ところが、上昇気流の中で最大の上昇率を得るためには、その危険性と戦って失速寸前のふわふわした状態で旋回すればいいことがわかった。

私はちょっと前に、グライダーの世界選手権大会にも出ているという北欧の航空会社のエアライン・パイロットが訪ねてきた時のことを思い出した。世界選手権に出ているということは、グライダーの世界では抜群の名パイロットということになるのだが、念のために、最初の1回だけは練習機で彼の腕前をチェックすることになり、英語ができる私が後席に乗った。索から離脱すると、彼はスーッとスピードを抜いて失速直前まで持っていった。「えっ！　こいつは、もしかしたら初心者か？」。私は錐揉みの危険に震え、いつでも即座にスピードを増せるように、そっと操縦桿に手を触れた。ところが、彼は失速直前で不安定な機体を、目で見ても操縦桿が動いているのがわからないほどの微妙な舵を使って見事にコントロールしていた。どうやら、風を読んでいただけであり、上昇気流がないと判断すると次のスポットまでは高速で移動して、またスーッとスピードを抜いた。そのときには、おかしな操縦をするパイロットだな、と思ったが、あれがグライダーの正しい操縦法だ、ということがようやくわかった。安全のために、どこでもやたらにスピードをつけさせる日本の操縦法は、田舎者の極みだったのだ。

半年後に飛行訓練が再開されると、私は早速人知れず練習に取り掛かった。あの北欧人パイロットの微妙な舵の使い方は、操縦桿に手を触れていたおかげで感覚として残っていた。いつもより10倍も感覚を鋭くし、機体のわずかな変化を読み取って早目に舵を使う。ちょっとでも遅れると、機体はコントロールを失う。最初のうちは、錐揉みに入っても安全に回復できる高度まで上昇してからスピードを抜く練習をした。スピードを抜いて旋回をすれば、確かに上昇率が良くなる。何事も原理原則通りだ。体重の軽い私はスピードを抜きやすく、この操縦法には有利だった。要するに上昇気流の中の操縦法は、錐揉みの恐怖をいかに克服するか、機体の姿勢変化にいかに敏感になるか、などにかかっていると悟った。

私は昇格してソアラーに乗っていたが、練習機にひとりで乗った学生と一緒に上昇気流の中で旋回しても、軽く勝てるほどに腕を上げていた。当初、私が上昇気流の中での操縦は名人と言われた時には、偽物の張子の虎だった。ところが理論的な研究と、実践的な自己トレーニングにより、いつの間にか本物の名人に変貌を遂げることができた。

この操縦法は私が教えた訳ではないが、その後の日本グライダー界に自然に定着した。

機首を上げてのフワフワした旋回は「壁塗り旋回」などと呼ばれた。ただし、機体の性能が向上した現在ではすたれている。

私が自分自身の力に目覚めたきっかけは、上昇気流中で教官に勝ったことだった。それは、よく調べてみると、機体の性能通りの結果であり、勝ったというのは単なる錯覚だったのだが、結果的にはその錯覚が私の人生を変えたことになる。このとき、誰にも教わることなく、自分ひとりで考え、操縦技術を開拓していったことが、かけがえのない学びになったように思う。

このときの学びは、とても言語で表現できるようなものではないのだが、強いていくつかを上げよう。

①ものごとは原理原則通りに動く。ただし、その原理原則は見えないことも多い。
②常識は疑ってかかれ。グライダーの操縦は常にスピードを保たなければいけない、

上昇気流中では急旋回をした方がいい……などのそれまでの常識はすべて間違いだった。「※常識にとらわれない心」がここで育った。

③大きな厚い壁があるように思えても、思い切って全力でぶつかると、あっさりと突破できることもある。操縦の適性がないと思っていた私でも、ちょっとの研究とトレーニングで、本物の名人に変身できた。要するにやれば出来るのだ。私の場合、きっかけは単なる錯覚だったが、それで出来ると信じたら本当に出来てしまった。「※やれば出来るぞ精神」がここで育った。

このあと私は研究者としての人生に一応の成功を収めるのだが、そのために必要な精神的なバックボーンはこの時に獲得したといってよい。上記①②③の学びは、体験を通じて得られるものであり、一流大学に行って猛勉強したからといって身につくものではない。つまり、研究者としての資質、あるいは創造力を発揮するための基本的な人生観などは学校教育で伝達することは基本的に難しい。

9

「のめりこむ」ということ

わかりもしない専門誌・専門書をむさぼり読む

前章で私が、航空力学の計算をして上昇気流のなかでの操縦法を確立していった経緯を述べた。ただし、グライダー・パイロットが、みんなこのような計算ができるわけではない。当時の学生航空連盟には、教官群と学生と合わせて150人くらいのパイロットがいたが、航空力学の理論に精通していたのは、おそらく私ひとりだっただろう。大学の専攻は電子工学であり、教授の講義はなにひとつ理解できずに、授業にはほとんど出ていなかったのだが、なぜか航空力学に関しては専攻の学生に負けないくらい詳しかった。

小学校低学年から飛行機にのめりこんでいたと述べたが、ろくろく文字が読めない頃から『航空情報』（当時は酣燈社《かんとうしゃ》刊）という大人向けの雑誌を毎月購読し、むさぼるように読んでいた。その雑誌が、エンジンの図面をひとつ示して、それを積んだ軽飛行機の設計コンテストを企画し、私は中学2年、弱冠14歳で果敢に応募した。そのコンテストに先立ち、『航空情報』に飛行機の設計講座が連載された。構造設計はできず、重量や重心の計算は概算であり、翼のアスペクトレシオ（縦横比）や、テーパー比（翼端に向かって細くなっていく比率）によって、理想特性（翼が無限に長いと仮定したときの特性）からどのくらい劣化するかという計算は、かなり乱暴な近似だった。また、胴体の抗力係数に関しては山勘、プロペラの設計はできないのでプロペラ効率は0・7に固定だったが、それ以外の航空力学的な計算は厳密だった。私は、父親が持っていた計算尺を盗み出し、計算に没頭した。父親は気づいていたようだが、何も言わなかった。

飛行機の設計にのめりこむ私を見て、父親はなにを思ったか『航空力学教程』という専門書を買って来てくれた。『航空情報』の設計講座では、いきなり数式が出てきたのだが、その数式がどうして誘導されるかが詳しく書いてあった。もちろん、微分積分を含む難解な理論は中学2年生には歯が立たなかった。ただ、十数年後に電子工学の研究者になった私が、プリント基板上の回路（スプリットライン）の高周波特性を計算するとき「シュバルツ・クリストッフェルの積分変換」という用語に遭遇し、とても懐かしくて、どこかで見たような記憶が残っていたのだが、この『航空力学教程』で見ていたのだ。中学2年で、なにひとつ理解はできなかったのだが、おそらく食い入るように眺めていたのだろう。「のめりこむ」というのは、こういうことだ。

『航空情報』の設計コンテストは、もちろん選には入らなかったが、読者欄を通じて横の連絡ができ、数人で「飛行機設計同好会」のようなものができた。中学生は私ひとり、残りは全員大学生だった。これより10年以上にわたって、各自が、いろいろな飛行機を設計し、その図面とデータを回覧して批評しあうという活動が続いた。

私は単発の軽飛行機から、4発の輸送機まで、じつにさまざまな機体を設計した。このとき、父親が買ってくれた『航空力学教程』が大変役に立った。というのは、付録に最新の200種以上の翼型が系統的に載っており、迎角に対する揚力係数、抗力係数のグラフが提供されていたからだ。飛行機の要求仕様に合わせて、どういう翼型を選択するか、設計の幅が広がった。

プランニングのセンス――全体を見る力・予測する力

この「飛行機設計同好会」の活動で、私はエンジニアとしての基礎的な素養が身についたと思う。どういう飛行機を設計したいか、というプランニングが最も大事だが、世界の航空業界の動向とか、個々の飛行機の詳細とか、山のように調べることがある。

プランニングというのは、プロジェクトの価値を左右する。混沌の中から一筋の光明を探し出していくという微妙なセンスが要求され、誰でもできる仕事ではない。ある意味では、創造力を発揮する方向を定める最も大切な資質かもしれない。

私は、ソニー時代のCD、「NEWS」、「AIBO」、「QRIO」などの開発や、引退してからの「医療改革」、「教育改革」、「経営改革」などの活動は、「プランニングのセンス」※（注：※印のついたコメントは「創造力発揮の九要素」のひとつ）だけで勝負をしてきたような気がする。

そのセンスは、主としてこの「飛行機設計同好会」の活動を通じて磨かれた。

「※プランニングのセンス」が発揮されるためには、個別の課題が見えているだけでなく同時にそれを取り巻く大きな環境の動き、その将来予測がしっかりしていなくてはいけない。つまり、「※木も見て、森も見る力」と、「※全体的な流れがどう動いていくかの予測力」がしっかりしていなくてはいけない。

おかしな話なのだが、この「飛行機設計同好会」の活動期間中、私は中学生、高校生だったにもかかわらず、航空産業全体の動向に関心が高かった。大学4年の時、たまたま、そういう話を音楽仲間でフルートの名手の教授としたことがある。その教授は歯車の権威で本田技研の顧問をしておられたが、「本田宗一郎が飛行機をやりたいといっている。一度会わないか」と誘われた。１９６４年のことだ。

私は大いに心が動いたが、本田宗一郎との会見が実現する前にソニーへの就職が決まってしまった。本田宗一郎の夢は50年経って、ごく最近ホンダジェットに結実した。ちょっとした運命のいたずらで、私がホンダジェットをやっていた可能性もあったのだ。

初めて作ったグライダーは真っ逆さま

中学を卒業した春休み、私は自分が乗れるハンググライダーを制作した。まだ、ハンググライダーという概念が世の中になかったころの話だ。ただ、ライト兄弟が飛行機を発明する前に、O・リリエンタールという人がハンググライダーで飛行実験を繰り返していたことは知られており、体重移動で操縦する方法論はわかっていた。

私はリリエンタールの機体のコウモリのような構造ではなく、模型飛行機でおなじみの翼型のしっかりした翼にすれば性能が上がることを知っていた。「飛行機設計同好会」で、もう何機も設計していたので設計は苦労しなかった。『航空力学教程』に載っていた最新の翼型は、第二次世界大戦の後、飛行機の速度が飛躍的に速くなってから開発されたという。超低速のハンググライダーには使えない。そこで、低速特性がいいと雑誌に書かれていた、カンバーの大きな（曲がりが大きく厚い翼）ゲッチンゲン系の翼型を採用した（番号は忘れた）。もう最近では使われていない古典的な翼型だ。

ハンググライダーの制作は、高校入試のテストが終わった日から始めた。「待ちに待った!!」という感じを今でも覚えている。ということは、受験勉強の合間に設計が完了していたのだ。私の部屋の壁には、ゲッチンゲンの翼型が原寸大で描かれていた。竹を電熱器であぶって翼型通りに曲げるための治具《ジグ》だったのだ。材料も含め、すべての準備が高校受験のテストの日には完了していた。なんとも不真面目な受験生だったのだが、それでも第一志望の高校（愛知県立旭丘高校）に合格した。

いまから振り返ってみると、ハンググライダーの設計に時間をとられていたにもかかわらず合格した……のではなく、ハンググライダーをワクワクしながら設計して「フロー」に入っていたからこそ合格した……というのが正しい表現だと思う。この表現は、一般常識に反するので理解が難しいかもしれないが、大学受験の時に同じことが起きたので、後で詳しく説明しよう。

ハンググライダーは友人たちに手伝ってもらって、崖の上まで担ぎ上げられた。崖から下を見下ろすと、やはり怖い。私は、さすがに出来たての機体に乗って、いきなり崖から飛び降りることはできなかった。そこで材木を括りつけて重心を合わせ、崖の上から投げ下ろした。グライダーは安定よく、きれいに滑空した。ただ、車輪はついていなかったので着陸の衝撃は大きく、機体はもんどりうってあおむけにひっくり返った。本来なら、着陸の衝撃で機体が大きくひずんだことを憂慮すべきだったが、私はうまく飛んだことで目がくらみ、有頂天になっていた。「よし！　すべては設計通りだ！」

「さあ！　いよいよ、俺が乗って飛ぶぞ！」心臓の鼓動が期待で大きく高鳴った。それまでの15年の人生で最も輝かしい瞬間になるはずだった。ところが、崖からのぞくとやはり怖い。「もう一回だけテストをしよう」。私は、一度外した材木を再び括りつけて、もう一度投げ下ろした。グライダーは同じようにきれいに滑空を始めた。ところが、しばらく飛んだところで、いきなり錐揉みに入り真っ逆さまに墜落して大破した。

原因は明らかだった。中学生の知恵の浅ましさで、翼には障子紙が貼ってあった。ゴム動力の小さな模型飛行機でやっていることを、そのまま人間が乗る大きさの機体に採用してしまったのだ。障子紙は霧を吹いて、ぴんときれいに貼れていた。翼型はかなりよく出ていたと思う。ただ、いかんせん強度は弱かった。最初の着陸の衝撃で障子紙が少し破れたらしく、その裂け目が飛行中に大きくなり、障子紙がめくれるのが見えた。背筋に冷や汗が流れ、全身に鳥肌が立った。あの時もう少し勇気があったなら、私の人生は15年で終わっただろう。つくづく臆病な性格でよかった。

この年の夏休みから、私は中日新聞後援の学生航空連盟に加盟して実際にグライダーに乗って飛行訓練を受け始めた。そして、ハンググライダー事件での私の無謀さは、大面積の翼を非力な障子紙で貼っただけではないことを思い知らされた。本物のグライダーの飛行訓練では、常に厳重な点検が実施される。あのとき、最初のテストフライトのあと点検もせず、障子紙の破れに気づかずに飛ばしてしまったのは、不注意極まりなかった。また、操縦訓練もせずにいきなり崖から飛び降りようとしたのも、とんでもなく無謀だ。まともな機体でも、おそらく私は大怪我をしていただろう。思い出すたびに冷や汗が出るハンググライダー体験だった。

でも、なにもないところからハンググライダーを設計製作し、実際に飛行実験まで持っていったことは、おそらく中学生の私の創造力のトレーニングとしてはベストだったように思う。障子紙のような大間違いも犯したが、なんのお手本もなく、すべてをゼロから考え、工夫するという経験はなかなかできるものではない。長じて私がCDや「ＡＩＢＯ」を開発するベースが、あの無謀なハンググライダー事件でつちかわれたのだ。※「無謀な積極性」は意外にも人を育てるものだ。

私は、父親との関係は悪いことはなかったのだが、いいとも言えなかった。喧嘩をしたり、言い争いをしたり、仲たがいをしたことは一度もなかったし、反抗期もほとんどなかった。しかしながら、あまり口を利かなかったし、距離を置いて避けていた。幼少期は煙たかったし、長じてからは私が父親を軽んじる傾向があった。しかしながら、こうやって振り返ってみると、中学生に『航空力学教程』という専門書を買ってきた、というのは大ヒットだった。子どもが夢中になっていることを大切にして、ちょっと無理くらいの専門書を与える……、これは「フロー教育」としては理想的だったかもしれない。「勉強しろ」とは一度も言われなかった。また、とても愛情深いが心配性の母親が、私がグライダーを始めるにあたって反対しなかったのは、父親のサポートのお陰だったことも確信している。長い年月を経たが、いまでは父親の深い愛情に支えられて育ってきたことがよくわかり、とても感謝をしている。

10

「グッとにらんで、エイッと作れ！」

「図々しさ」を学んだ大学生活

大学では授業が理解できずにサボっていたのだが、私のキャンパスライフはそれなりに充実していた。自動車部とオーケストラ部に入っていたので、居場所はあったのだ。1年生の学園祭で「トリスバー」を開店した。オーケストラのメンバーと、にわかバンドを組み、バーの余興に演奏した。企画書を送ると、サントリーがトラック1台分のお酒、カクテルグラス、タンブラー、シェーカーなどを提供してくれた。サントリーに対するお礼は、ベニアで作ったアンクルトリスの看板をさしあげただけだ。お酒をただでもらい、お金をとって売ったわけで、たいへん儲かった。そのお金でベースとドラムを買って本格的にデキシーランド・ジャズのバンドを始めた。私は、高校時代はアルトサックス、大学のオーケストラではフルートを吹いていたが、このときクラリネットに転向した。

しばらくして、ハワイアンバンド、ラテンバンドと一緒に「軽音楽部」を組織して、部室をもらい、講堂で眠っていたピアノをせしめた。その後高名なプロを輩出した東京工大ジャズ研のルーツだ。学生主催のダンスパーティーが盛んな頃だった。優秀なマネージャーがいて仕事を次々に取ってくるので、卒業までバンドの活動も結構忙しかった。その頃のバンドは、半世紀を経たいまでも、年に2回演奏会を開いている。

まったくの余談だが、このバンドは、一緒に「トリスバー」をやった同級生のベース奏者と私のふたりでリードしていた。卒業する前に、俺たちがいなくなるとバンドが立ちいかなくなるのではないか、ダメになるのではないかと本気で心配していた。事実はどうだったかというと、我々が卒業したら、バンドは急にうまくなった。要するに、我々はリードしているつもりで、じつは成長のネックになっていたのだ。22歳の若者としては、ちょっとしたほろ苦さを味わったが、いま天外塾をやって経営者の指導をする上で、かけがえのない体験になっている。同じ間違いを、ほとんどの経営者が犯しているからだ。

自動車部は免許を取って辞めてしまっていたが、2年生が終わった春休みに自動車部の仲間らと6人で九州一周のドライブに出かけた。まだ日本中探しても高速道路などは影も形もなく、一番の幹線道路である国道一号線が舗装されていない箇所が多かった時代であり、長距離ドライブはちょっとした冒険だった。サクラフイルムが車（三菱500）2台を提供してくれた。ガソリンは日本石油にスポンサーをお願いした。そのドライブ記を『月刊自家用車』（内外出版社）という雑誌に投稿した。長距離ドライブが珍しかった時代であり、雑誌社にとっても貴重な記事になったと思う。

この記事は、長いこと威力を発揮した。記事を見せると、ドライブの企画が通り、自動車会社や石油会社がスポンサーについてくれ、車やガソリンを提供してくれるのだ。受け皿として、「東都三大学民謡友の会」という、架空の団体を立ち上げていた。メンバーは3人しかいなかった。企画書には「日本各地の民謡を採譜し……」などと書かれていた。3人のうち2人はミュージシャンだったが、民謡は実際に聞いてみると、とても西洋音楽的な五線譜では表現できず、すぐにギブアップした。その後も同じ企画書を使っていた。その3人で、夏休み、冬休み、春休みごとにドライブに行き、結局卒業までに日本中を回ることができた。グライダーの合宿にも出ていたので、休みの期間はとても忙しかった。

日本は高度成長に入ろうとしており、学生は金の卵でとても大切にされていた。それに胡坐をかいて、好き勝手なことをやっていた感がある。でも、どうしたら採用される企画書が書けるか、企業とどう交渉するかなど、このとき身につけたノウハウや「図々※しさ」はその後の人生にとても役に立ったように思う。学生の身で、企業を訪問してなにかをせびる。これは、かなり勇気のいることだ。企業の門をくぐるとき、びびりがちな自分を叱咤激励して、毎回気力を奮い立たせていたことをよく覚えている。たしかに授業には出ていなかったのだが、授業で身につく知識よりもはるかに大切なことを学んでいた。

世界選手権への挑戦

学生航空連盟で私が上昇気流中の操縦技術を磨いていたころ、先輩たちはウインチ（索の巻き上げ機）の制作にいそしんでいた。それまで自動車でグライダーを引っ張り上げていたのだが、３００ｍの索をつけると、それだけ自動車が走れる距離が短くなり、おまけにグライダーの離脱高度は３００ｍ以上にはならない。さらに牽引中はギアチェンジができないので、自動車を極端に酷使することになり、すぐにダメにしてしまう。そこでドイツ製のウインチを借りてきて試してみると、とても具合がいい。それまでより高くまでグライダーを引き上げられる。結局、そのウインチをまねて自作することが決まった。

それまで使ってきた大型のビュイックを廃車にして、直列6気筒の強力なエンジンを使うことにした。ウインチというのは、基本的にはエンジンにドラムを直結し、索を巻き取るだけだが、きれいに巻くための移動ガイド、緊急時に索を切るカッター、移動用の車輪とけん引装置、固定するときのジャッキなど、付属物も多い。ほとんどドイツ製のウインチのデッドコピーだったが、嬉々として製作に没頭する先輩たちは、とても格好よく見えた。私も手伝いを申し出たが、ごく単純な作業しか回ってこなかった。あまり意識はしなかったのだが、先輩たちがうらやましく、おそらく「いつか俺も……」という気持ちが心の底で芽生えたと思う。

グライダーの操縦のほうは絶好調だった。世界選手権大会の出場資格のひとつに、「獲得高度1000m」という課目がある。まだ何人もの教官がクリアできていないなかで、私ひとりで10回以上クリアしていた。教官たちは、昔教わった通りの操縦で、上昇気流に入ってもスピードを緩めず、バンクの大きな旋回をしていた。場周飛行は上手だったのだが、高度を獲得するための操縦技術はできていなかった。要するに田舎者だったのだ。もう完全に下克上で、学生たちの腕が教官を凌駕していた。

私は世界選手権大会出場資格のもうひとつの課目である「直線50㎞」の距離飛行に挑戦すべきだと主張を始めた。それまで日本国内では、まだひとりしか達成できていなかった。案の定、教官たちはにべもなく「それは無理だ」と否定した。理由としては、ソアラーの性能が低いこと、東京は電線だらけで不時着場がないことなどを上げていた。学生たちは、海外の雑誌を読んでいたので、我々よりも性能の低い機体で50㎞、１００㎞と飛んでいる例を知っていた。東京を出発点とすると、確かに不時着場は海外に比べて不利なのだが、実際に調査してみると、不可能というほどでもない。要するに教官たちは調べもせずに、できない理由を探していたにすぎなかった。盛り上がる学生たちと、教官たちの間には溝が広がっていった。

自己流設計でトレーラーを作る

しかしながら、そのうちに本当に困難な問題が横たわっていることを発見した。それは、不時着した機体を分解して運送会社のトラックで運んでこなくてはいけないのだが、運送費がべらぼうに高いのだ。夏休みの合宿では、いつも長い滑走路を使わせてもらうために自衛隊の基地をお借りしていたのだが、そこまでトラックでグライダーを運ぶ片道の運賃だけで優に練習機1機が買える金額が必要だった。いまに比べて運送費は相対的にかなり高かった。感覚的には10倍をはるかに超えていたように思う。私は自動車部に所属していたコネで、運送会社の運転手のアルバイトを継続的にしていたが、アルバイト料は法外に高かった。車も運転手もニーズに比べて少なく、希少価値のため運送費を押し上げていた時代だったのだ。誰かひとりが距離飛行に出ると、たちまち学生航空連盟の年間予算に大きな穴が開く。

「よし、トレーラーを作ろう」

学生航空連盟は、新聞社で使い古したポンコツ車がもらえるので、自動車は豊富だった。朝鮮戦争で使われた米軍払い下げのジープだけでも3台保有していた。トレーラーを作って、自動車でけん引すれば、不時着したグライダーを自分たちで回収できる。高額な運送会社に頼む必要がなくなるのだ。

私は、早速企画書を書いて新聞社と交渉をした。とても厳しい交渉を経て、ようやく予算が降りた。4人のチームができたが、設計は私ひとりでこなした。飛行機設計同好会で図面は書きなれていたので、設計はそれほど苦労しなかった。車輪周りは作れないので、ジープを1台廃車にして後輪をそのままサスペンションごと取りつけることにした。このころ私は学生航空連盟の自動車部長をやっていたので、私の裁量で廃車を決めることができた。

ただ、そのまま製作に入るには不安が強かった。そこで授業を受けてもいない機械科の教授を訪ねて「こういう設計をしたのだが、強度計算を教えてくれ」と頼みこんだ。これも、かなり「図々しさ」※が発揮された行為だと思う。教授はまず、図面の描き方の間違いを2、3指摘した。私は自己流で図面を書き慣れてはいたが、図学の授業をさぼっていたことがばれたような気がして冷や汗が出た。でも、設計内容は合格だった。「よくできている」と褒めてくれた。そして教授は忘れもしないひと言をつぶやいた。

「こんなもんを強度計算するバカはいない。グッとにらんでエイッと作るんだ！」

その言葉は「このまま作っても大丈夫だよ」と、私には聞こえた。あるいは教授は、突然乱入してきた見知らぬ学生に、こみいった強度計算を教えるのが面倒くさかっただけかもしれない。しかしながら、これは間違いなく、東京工業大学在籍４年間の中で私が学んだ唯一の、そして最良の教えだった。

それまで理論計算をベースに上昇気流中の操縦法を確立していった。私の中に理論計算に対する信仰のようなものが芽生えていた。強度計算をしたいと思ったのもその表れだ。教授のひと言は、理論よりも直感の大切さを悟らせてくれた。これは、その後のエンジニア人生に大きな影響を与えた。

阪神淡路大震災の後、建築基準法が改訂された。想定していたよりも揺れが大きかったからだ。ところが、それに基づいた建物が東日本大震災ではばたばた倒れた。さらに大きな揺れに襲われたからだ。また、建築基準法は改訂された。いま、一般家屋を建てる時でも強度計算をしなければならない。ところがそれは、建築基準法ぎりぎりの強度で建てるための、コストダウンの手段として強度計算が使われているに過ぎない。さらに大きな揺れが来たらみんな倒れるだろう。上記のふたつの大震災の時、古いお寺など、強度計算もなかった時代に作られた建造物は意外にも倒れなかった。

神戸の鏑射寺《かぶらいじ》の中村公隆《こうりゅう》和尚は、お寺を建てるときにコンクリートも材木も普通の倍くらい使ったという。その理由として「大きな災害が来た時にお寺はみんなの避難所になる。あたり一面家が倒れても、この寺は倒れてはいけないのだ」とおっしゃった。「グッとにらむ」というのは、こういうことを意味すると思う。コストダウンのために達者に強度計算を駆使する今の建築家は、誰も「グッとにらむ」ことを知らない。

さて、トレーラーの話に戻るが、制作はことのほか難行した。主な要因は私の予算の甘さだった。大学3年生が、いきなり大物の制作を思い立ち、設計し、必要な材料と経費を予測し、曲がりなりにも予算を作った。まともにできるはずはない。想定外の材料が必要になり、思わぬ出費がかさんだ。新聞社との交渉の経緯から、途中の増額は許されなかった。先輩たちが作ったウインチは、鋼板の切断、電気溶接、主な構造体の組み立てなどは鉄工所に依頼していた。我々のトレーラーは、鉄工所に頼む予算はない。飛行機の整備士にガス溶接を教えてもらい、しばらく実習してから、鉄のパイプを溶接して全部を自分たちで組み立てた。飛行場のアセチレンガスの使用量が圧倒的に増えたが、整備士たちは黙認してくれた。

溶接の光は極めて強いので、濃いサングラスをかける。ところが、溶接部分がよく見えないので、ちょくちょく眼鏡をはずすことになる。毎日朝から晩まで溶接をしていたら、たちまち眼がただれてきた。鉄のパイプは金属用ののこぎりで切れるのだが、5㎜厚の鋼板はなかなか切れない。整備士に相談すると、バイスで挟んで鏨《たがね》で叩けという。ある形状の鋼板を切断するのに、鉄工所なら30分でできる作業がまるまる1週間かかった。朝から晩までひたすら鏨で叩く。それも筋骨たくましい男ならまだしも、ヒョロヒョロのやせっぽちがでかいハンマーを振り回してガンガン叩くのだ。何かを作るというよりは宗教的な「行」に近く、1週間かけてようやくその部品ができたときには、なんとなく「悟り」を開いたような気分になった。

20年に1度の奇跡をつかむ！

直線50㎞の課目飛行は、強力な上昇気流に恵まれないとなかなか出発できない。初めての試みなので、途中で上昇気流に出会わなくても50㎞飛べるだけの高度に到達しないと距離飛行に出発する勇気がなかったのだ。ほとんどのフライトは上昇気流に出会わずに、4分足らずの場周飛行で終わるのだが、いつ訪れるかわからないチャンスに備えて、私は常にポケットに地図を偲ばせていた。その地図には、調査した不時着場が記してあり、余白には追い風の強さに応じて最適な速度（滑空比が最大になり最も遠くまで飛べる速度）の表が書きこまれてあった。真北とコンパスの表示（磁北）との偏差（6度だっ

距離飛行（58km）が成功し、房総半島の久留里に不時着し、ロープで固定されたソアラー（1964年2月2日）

たかな？）がわかるように、極座標表示も工夫されていた。
チャンスが訪れたら、いつでも距離飛行に出る準備が整っていたのだ。

そのチャンスは、私が大学4年の冬、奇しくも22歳の誕生日の日（2月2日）に訪れた。東京の二子多摩川の飛行場から飛び立ち、3300mまで上昇したのだ。私は東京湾を横断して房総半島の真ん中、久留里まで58kmを飛んだ。普通の上昇気流は、上に積雲があり、1000mか、せいぜい1500mまでしか上れない。3000m以上まで上昇できるのは「ドライサーマル」と呼ばれる、雲を伴わない特殊な上昇風だ。冬しか発生せず、毎週飛んでいてもひと冬に1回程度しか遭遇しない。その時ソアラーに乗っていたのは20人ほどいた。誰かがドライサーマルに遭遇すると長時間飛ぶので、もうその日は他のパイロットにはチャンスは回ってこない。1年に1日だとすると、その年にドライサーマルに遭遇するのは20分の1、つまり20年待てば1回は回ってくる確率になる。

じつは、その前年に私はドライサーマルに遭遇して3000mまで上昇していた。その時には準備ができていなかったので、距離飛行には出発できずに、私は悔しさをかみしめて、すごすごと降りてきた。その悔しさが、不時着場の調査に励んだり、最適スピードの表を作ったりして地図を作らせ、準備万端整えさせたのだ。しかしながら、ドライサーマルに遭遇する確率が20年に1度だとすると、同じパイロットが2年続けて遭遇するのは400年に1度ということになる（注：これは最初から2年続く確率。1度体験した後、2年目の確率は20年に1度）。ほぼゼロに近い確率だ。それにもかかわらず、私は毎回の4分足らずのフライトに必ず地図を携帯していた。「どんなに確率が小さくてもゼロでない限り、あきらめない」※、というのがこの時の私のポリシーだった。このポリシーも、一見不可能と思われるようなプロジェクトに飛びこむときにはとても大切だ。

ところが、その限りなくゼロに近い確率が実現して、翌年再びドライサーマルに遭遇して、私は距離飛行に成功した。なんとも不思議な体験だったのだが、それから十数年たってCDが完成直前のとき、このことを思い出し、私は「運命の法則」をつかんだ、と確信した。それは、あの時20人のソアラー班の中で、地図を携帯していたのは私ひとりだったことだ。みんな口々に距離飛行へのあこがれを口にしていたが、実際にトレーラーを制作して、不時着場を調べ、地図を準備し、着々と距離飛行の準備をしていたのは私だけだった。私以外のパイロットが、もしドライサーマルに遭遇したとしても、前年の私と同じように距離飛行には出発できず、すごすごと降りてこなければいけなかったはずだ。このときつかんだと思った運命の法則は次のようなものだ。

――最も真剣に準備をした人のところに強運が訪れる――

この話を私は『光の滑翔――CD開発者の魂の軌跡』（飛鳥新社）という本に書いた。それが出版社の社長の目に留まり、彼の企画で書いたのが前述の『運命の法則』だ。その後「フロー」を体験すると、このときつかんだと思った運命の法則も、むしろ「フロー」で説明した方が妥当なことが分かった。つまり、単に真剣に準備したというよりは、トレーラーを制作したり、不時着場を調べたり、地図を作ったりする準備活動で「フロー」に入っていたがために幸運を呼び寄せたのだ。

さて、距離飛行の話に戻ろう。トレーラーは完成直前だったが間に合わず、翌日トラックが来るまで、私は農家に泊めてもらって大歓待を受けていた。まだ電話が村に1、2本しかない時代だ。突然空から降ってきた客人を見ようと、大勢の村人たちが集まって来た。トラックに乗って帰る途上、仲間から嫌な話を聞いた。私が距離飛行に出発した後、教官は新聞社の首脳に「許可をしないのに、距離飛行に出発してしまった」と電話をしたというのだ。許可をしたにもかかわらずだ。

トレーラーは完成直前だったが間に合わず、距離飛行の翌日、トラックが到着し、ソアラーを分解して積みこんだ（1964年2月3日）

たしかに、遠くまで飛んで行って、見ず知らずの土地に不時着するというのは危険がいっぱいだ。その当時、日本ではほとんど例がなかった。教官は事故の予感で真っ青になったとしても不思議ではない。以前、空中衝突事故が起きた時も、この教官が担当だった。

幸い無線の交信を聞いていた学生がいて、教官の嘘は査問委員会でばれた。しかしながら、距離飛行の危険性がクローズアップされ、こんな危険なフライトを他の学生がまねしてはいけないという理由で、新聞社の首脳は、50kmの課目飛行の記録は認めない、という決断を下した。

いまなら、そのデシジョンは極めてまっとうだったと評価できる。私がその立場にいても同じ決断を下すだろう。しかしながら、トレーラーまで制作して距離飛行にのめりこんできた22歳の若者にとっては残酷な仕打ちだった。

記録が認められなかったこともさることながら、なによりも教官の裏切りが許せなかった。

本来なら皆から祝福されるべき50㎞の距離飛行の達成が、なんとも後味が悪い結果に終わった。私は、はらわたが煮えくり返るような怒りをみなぎらせてグライダーをやめた。しかしながら、高校1年から7年間にわたって全身全霊で打ちこんできたグライダーをやめてしまうと、耐えられぬほどの空虚感にさいなまれた。なにもやることがない休日に、空を見上げて上昇気流の象徴である積雲がポカポカ浮いているのを見ると、全身が泡立つほどの焦燥感を覚えた。

この体験は大きなトラウマとなり、その後20年間にわたってグライダーにまつわる悪夢を見て寝汗をびっしょりかいて目が覚める、という症状が続いた。

表面的な生活では何事もなかったように月日は流れ、普通に恋をして結婚をして子どもにもめぐまれた。しかしながら、数週間に1度見る悪夢は内面的な葛藤がとても強いことを表していた。

不思議なことに、CDが完成し、距離飛行事件からちょうど20年後にフランスのパリで表彰された晩、同じ悪夢が歓喜の結末になり、それ以来悪夢はぷっつり見なくなった。

この20年の軌跡を振り返ると、CDを開発するという、かなり困難な仕事を推進させたのは、距離飛行で負った大きな葛藤のエネルギーだったことがよく分かった。私がいま経営塾で、経営者の葛藤の解消をメインテーマにしているのは、この経験がベースになっている。葛藤のエネルギーは極めて大きいので、困難なプロジェクトの推進や創業するときにはとても有効なのだが、弊害も大きい。創業者がしばらくすると、会社のお荷物になってしまうケースもある。葛藤を解消しないと「フロー経営」は実行できない。

距離飛行で負ったトラウマがCD開発の原動力になったというのは、これはこれで、ひとつの大きなストーリーなのだが、本書の主題である「創造性」とは直接関係はないので記述はここでとどめる。詳細は前述の『光の滑翔——CD開発者の魂の軌跡』（飛鳥新社）という本に小説という形でまとめたので、興味ある方はご参照願いたい。

このように、私の大学時代の実体は授業にはほとんど出ない不良学生だった。いまなら卒業できなかったと思うが、高度成長が始まっており、技術系の学生は引く手あまただった。大学側も、ともかく卒業させてしまえ、という感じだったのではなかろうか。下級生と一緒に追試を何科目か受けたが、どうにか4年間で卒業できた。

大学側が提供している知識はほとんど身につかなかったのだが、トレーラーの制作などの実務を通じて創造力を磨き、その後のエンジニアとして必要な能力は身についたと思う。「グッとにらんで、エイッと作れ！」という教えは、私の根本的なフィロソフィーに定着した。理論計算の威力を知った後で、直感の大切さを教わったことはとてもよかった。エンジニアリングには、その両者のバランスがとても重要だ。

さて、卒業後52年を経て大学時代を振り返ってみた。お聞き苦しいかもしれないが、本書は私自身が創造力ゆたかで、実務で大きな成果を上げてきた、という前提のもとに書かれている。そこで、次のような疑問を問うてみたい。

「授業に出ていなかったにもかかわらず成果を上げることができた」……のか、それとも「授業に出ていなかったからこそ成果を上げることができた」……のか？

……私は圧倒的に後者が正しいと思う……

社会に出て活躍するためには、学校で教える知識やノウハウよりも、5章の「人間の能力の階層構造」（P84）で書いた、創造力をはじめとする第3層以下の能力の方がはるかに大切だ。それは、机に座って先生の講義を理解し、ペーパーテストでいい点を取ったからといって身につくものではない。下の方の層の能力がしっかり獲得できれば、知識やノウハウはいくらでも後から補充できる。私の場合は、むしろ知識やノウハウが希薄だったからこそ、実務を通じて下の層の能力が獲得できたと思っている。

私が専門外の教育問題に取り組んできたのは、以上のような体験がベースになっている。社会の中で活躍するために大切な能力は、人の人間的な成長と重なっている。それは、いまの学校教育の中で獲得できる能力とは異質だ。

11

#「フロー」の奇跡

「いつの日か」では、いつまでたってもできない

「フロー」と呼ばれる不可思議な現象については、1章で述べた。繰り返しになるが、「なにかに夢中になって、我を忘れて取り組んでいる」という状態であり、チクセントミハイという心理学者が「フロー理論」として体系化している。ある程度以上の深い「フロー」に入ると、時には信じられないようないい結果が得られ、奇跡としかいえないようなことも起きる。スポーツの世界では、同じことを「ゾーン」と呼んでおり、やはり練習でもできていなかったプレーをして強敵に勝つことがある。

私の場合には、CD、「NEWS」、「AIBO」などの開発プロジェクトで「フロー」を体験し、まだチクセントミハイを知らなかったころから「燃える集団」という名で呼んでいた。

2003年のソニーショックの後、ソニーの凋落が「フロー理論」で読み解けること

がわかり、創業期のソニーが全社を挙げて「フロー経営」をしていたことに気づいた。

前述のように、2005年から経営者に「フロー経営」をお伝えするために「天外塾」を開いてきた。

2011年の「札幌天外塾」では、多くの年配の経営者に交じって20代の若者がひとり受講した。彼は小樽商科大学出身で、小樽の街に深い愛着を抱いており、自己紹介で「いつの日か恩返しに、汚れている小樽運河を清掃したい」と言った。

私は「いつの日か、などと言っていると、いつまでたってもできないよ。そう思ったら明日からでもやったらいいのに……」とけしかけた。

天外塾では塾生に課題が出る。結局その塾生は、次の日から1か月間、毎朝小樽運河の清掃を行うことになった。ところがそれは、本来なら不可能な課題だった。自宅が江別市、職場は札幌にあり、毎朝出勤前に小樽運河を清掃するのは無理なのだ。

懇親会のときに、課題を約束したものの頭を抱えている塾生に対して、小樽で旅館をやっている塾生が宿を提供し、別の塾生が移動のための車を提供し、清掃道具を買ってくれる塾生も現れ、翌日から清掃できる条件が整ってしまった。

このように、一見不可能に見える課題を「やる！」と決めた瞬間に、不思議にサポートが来て可能になるのが「フロー」の特徴だ。

結局その若い塾生は、1か月間毎朝清掃を実行した。それはかなり過酷な生活だった。仕事は忙しく、毎日帰宅はほぼ真夜中。それから、1～2時間の仮眠をとって、暗いうちに起きて運河の清掃をする、という日々が続いた。

1か月後の天外塾でその体験が語られ、課題達成に塾生全員から大きな拍手が送られた。課題としてはこれで終わったのだが、多くの気づきを得た塾生はそこでやめるのはもったいないと思い、頻度を週一にして、毎週土曜日に清掃活動を行うことを自分で決めた。

結局この活動は、大きな市民運動に発展し、新聞や放送で何度も取り上げられ、いくつかの表彰も受け、その塾生は一躍有名人になってしまった。

さてここで、「フロー」にまつわる奇跡のお話をしよう。じつはその塾生が毎朝清掃をしていた1か月間、本業である営業の仕事の売り上げが突然3倍に増えたのだ。そして1か月後に、清掃を週一に戻した途端、また元のレベルに落ちてしまった。

これは常識とはまったく逆だ。毎朝清掃を続けた1か月間、ほとんど睡眠時間が取れない過酷な生活をしていた。仕事に悪影響があって当然で、逆に業績が上がる合理的な理由は何ひとつない。

この報告を塾生から受けた時、私は「そう、そう、フローに入ると不思議によく奇跡が起きるんだよね」と、塾長らしく分かったような顔でいった。だが心の中では首をかしげていた。

たしかに、CD、「NEWS」、「AIBO」などの開発プロジェクトでは、毎回「フロー」に入り、多くの奇跡を体験した。そういう奇跡抜きでは、世の中を変えるような困難なプロジェクトは成功しない。しかしながら、それらはいずれもプロジェクトの中における奇跡だった。

この塾生の場合には、「フロー」に入ったのは小樽運河の清掃プロジェクトであり、奇跡が起きたのは、それとはまったく無関係な会社の仕事だった。これは、まったく初めての体験だった。

だが、しばらくすると、自分自身の過去の体験の中でも同じことが何度も起きていたことを発見した。高校受験の時も、大学受験の時も、私は受かるはずがないところに受かっている。あれは、単なる好運ではなく「フロー」に付随する奇跡だったという発見だ。この気づきは感動的だった。この２０１１年の時点で、高校受験から54年、大学受験から51年が経過していた。

遊び心が生んだ奇跡

高校受験の話は前に書いたので、大学受験の話を書こう。

１９５９年というと、本書の読者のほとんどは生まれていなかっただろう。私は愛知県立旭丘高校の3年生。当時すでに受験戦争は熾烈を極め、三当五落（睡眠時間3時間なら合格、5時間なら不合格）という言葉がはやっていた。ところが名古屋は、9月に伊勢湾台風に襲われ、5000人以上が亡くなった。犠牲者のほとんどは洪水による溺死だった。

高校の屋根が吹き飛んでしまい、3か月間休校になった。私たちは毎日土嚢造りに駆り出された。名古屋城のすぐそばの広場で我々が土嚢を作り、それをすぐに米軍のヘリコプターが運んでいく。洪水の水がなかなか引かないので、土嚢でせき止めてポンプでくみ出していたのだ。

これは飛行機好きの私にとって、至福の日々だった。目と鼻の先で強烈な爆音と共に頻繁にヘリコプターが発着するのを見る毎日だったからだ。

3か月後に学校が再開されると、私はすぐにチャリティーコンサートの企画を立てた。講堂の日程を抑え、クレパスでポスターを描いて校内のあちこちに張り出した。

私は高校入学と同時に、叔父が持っていたアルトサックスを譲り受け、ジャズを始めていたのだ。

ところが部室で練習をしていると、受験担当の先生が怒鳴りこんできた。「お前たち正気か！」というのだ。伊勢湾台風で3か月も休校になり、ようやく学校が始まったと思ったらコンサートの準備に夢中になっている。人生でもっとも大事な大学受験が間近にせまっている。競争相手は伊勢湾台風にあっていないんだぞ、というお叱りだった。

部員のうち半分くらいは、「やはり勉強に専念する」とコンサート出場を辞退した。でも私をはじめ残りのメンバーはそのまま準備を続けた。

コンサートは大成功だった。バンド名は「Rag Pickers」（屑拾い）。初期のジャズをあらわす「Rag Time」という言葉からとった。全員ホームレスの格好でステージに登場した。

大体スタンダード曲をやったが、その他に、この当時流行っていたペギー葉山の「南国土佐を後にして」をジャズにアレンジして演奏し、大喝采を受けた。

受験担当の先生とは、この後も度々ぶつかった。大学志望調査で、第一志望を「駿台予備校」と書いてこっぴどく怒られた。でも、これは半ば本気だった。現役でどこかの大学に入れるとは、とても思えなかった。

この時、一学年には約500人の生徒がいたが、私の成績は半分より後ろだった。いざ受験という段になって、東京工大と慶応と早稲田を受けることにした。受験担当の先生からまた怒られた。「お前の成績で受かるわけがないじゃないか。ちゃんと滑り止めも受けろ」というのだ。「今年は肝試し、来年にかけます」といってなんとかお許しをいただいた。滑り止めは受けなかった。

ところが蓋を開けてみると、どうしたわけか、私は3校とも受かってしまったのだ。これは奇跡としかいいようがない。東京工大は500人中50番以内の成績でないとまず入れない、というのが常識だった。

奇跡はそれだけではなかった。コンサートに出たメンバーは全員が現役で入学し、出ないで勉強に専念したメンバーは全員浪人した。逆だったらわかる。ところが、勉強せずに遊んでいた連中に幸運の女神がほほ笑んだのだ。

こういうことが起きると人生観が変わる。私は「人生、遊びが一番」というフィロソフィーを獲得して、74歳になる今日まで実行している。「遊び心※」というのは、「フロー」に入るためのひとつの大切な要素だということがごく最近分かった。結果的に、このフィロソフィーは私を「フロー人生」に導いてくれたことになる。

私は、ソニー勤務の最晩年に人工知能と脳科学を統合した「インテリジェンス・ダイナミクス」と名づけた新しい学問を提唱し、「ソニー・インテリジェンス・ダイナミクス研究所」の所長を務めた。そのときに百数十名のエンジニアの中から、15名の精鋭を選んだがその中にプロ級のミュージシャンが4人（私も含む）、自家製ビールを作る人が3人もいた。仕事ができる創造力ゆたかな人を選ぶと、不思議に「遊び心※」にあふれた人が多い。

さて、大学受験の話に戻そう。いったい何が起きたのだろうか。コンサートに出たメンバーは、圧倒的に勉強時間は少なくなったはずだ。時間が少ないことを自覚しているから、かえって、その分集中したということもあっただろう。でも、それだけの理由では、全員が好運に恵まれて現役で大学に入るとは説明できない。私は、小樽運河の一件から類推して、これは「フロー」に基づく奇跡だったと確信している。コンサートに出たメンバーは、準備や練習の時から「フロー」に入っていたことは、まず間違いない。そのためにコンサートとは直接関係ない受験で奇跡が起きたのだ。私は、奇跡的にまぐれで入った大学だったから、もともと授業についていくだけの学力はなかった。だから授業に出ない落ちこぼれになったのは、むしろ当然の帰結だ。

私の経歴を客観的にみれば、愛知県で一番いい高校に入り、一流大学を経て一流会社に入り、博士号をとり、実績を上げ、役員になったという典型的なエリートコースに見えるだろう。

しかしながら実体は、エリートとはかけ離れている。学業成績はたいしてよくなかったにもかかわらず、たまたま直前に「フロー」に入るような活動をしていたがために、実力以上の高校、大学に入り、学業以外の場で身につけた創造力や「図々しさ」※を発揮して実社会では大いに活躍できた、ということだ。

たまたま受験では運に恵まれたが、本来ペーパーテストは苦手だった。特に暗記物は最悪で、高校時代の社会、地理、歴史とかの試験成績は毎回ほとんど30点台であり、それが全体の成績順位を引き下げていた。逆にいうと、成績順位のわりには数学や物理の点数は悪くはなかった。だから理科系に進んだ。文科系の課目は、興味がないので勉強に身が入らなかったのは事実だが、勉強をしなかったわけではない。勉強してもどうしても覚えられないのだ。少しＬＤ（学習障害）の傾向があるように思う。歴史の勉強は、ベッドの天井に年表を張って、毎朝目が覚めると双眼鏡でそれを眺める、という努力をした。それでもダメだった。

しかしながら、学力以外の資質、特に本書で取り上げた次の特性や行動パターンはズバぬけて恵まれていたように思う。

1 「好きになる力」、「夢中になる力」、「のめりこむ力」＝「創造の三源力①」

2 「想像力」、「イメージ力」、「構成力」＝「創造の三源力②」

3 「能動」、「操作とフィードバック」、「内発的動機」＝「創造力育成の三要素①」

4 「情動の解放」、「フロー体験」、「行動の自由」＝「創造力育成の三要素②」

5 「やれば出来るぞ精神」、「無謀な積極性」、「常識にとらわれない心」、「図々しさ」、「プランニングのセンス」、「木も見て、森も見る力」、「全体的な流れがどう動いていくかの予測力」、「どんなに確率が小さくてもゼロでない限り、あきらめない精神」、「遊び心」＝「創造力発揮の九要素」

こうして振り返ってみると、中学時代のハンググライダーや、大学時代のトレーラーなど、ちょっとそのときには無理と思われる物の制作を通じて、大きな学びをしてきたことがわかる。椅子に座って教授の講義を理解して獲得した能力と、実際に体を動かして体験から学んだ能力は根本的に違う。質も違うし、レベルも違う。ほとんど比べようもないだろう。

6章の表1、「人間性教育学の系譜」で紹介した、ジョン・デューイは、「行動を通じた学び」を提唱した教育者だが、体験の大切さを次の言葉で表現している。

「1オンスの経験は、1トンの理論にまさる」

いまの学校教育は、小学校から大学まで何トンもの知識を強制的に押しつけている。子どもたちは義務感から、あるいは落第の恐怖から、興味もない重い知識を背負わされ、それに押しつぶされ育っていく。私の場合には、重い知識は消化できなかったのだが、その代わりにハンググライダーやトレーラーなどの制作を通じて、楽しみながら経験を積んだ。その経験は、正規の教育における何トンもの知識より、実社会で役に立ったのは確かだ。

1章で「創造の三源力①」が、「フロー」に入る力と同じだ、と述べた。私は、幼少期から「フロー」に入るのが得意だった。そのことが、いい人生を歩むベースになったのは明らかだ。

12

幼少期の「フロー」体験

目いっぱいの遊びから学ぶ

私は、父親が銀行員だった関係で転校が多かった。広島で小学校に入学し、鹿児島を経て、小学校3年で神奈川県の茅ケ崎に来た。そして中学2年で、今度は名古屋に引っ越した。

小学校低学年の頃は虚弱児童だった。高熱を出して頻繁に学校を休んだ。出席率は恐ろしく悪かった。呼吸器系も消化器系も弱かった。肺炎を患うと、毎回母親は皮膚がただれるほどのきつい辛子のシップをしてくれた。

小学3年から中学2年の足掛け6年間の茅ケ崎時代、松林の中で目いっぱい遊び、私は徐々に健康な体を取り戻すことができた。それと同時に、人間としてのベースも構築できたように思う。

今から60年以上も前の話であり、茅ケ崎は本当に田舎で、人家が少なく、ほとんどが松林だった。それぞれの松林を子どものグループが占拠していた。大人が立ち入ることはない子どもの聖地であり、幅広い年齢層の子どもがそれぞれのグループを形成していた。

切れ味の良いナイフとパチンコが標準装備品だった。パチンコは市販品とは比べようもないほどに強力で、木のまたに自転車のチューブのゴムを複数本取りつけてあった。何本のゴムが引けるかを競いあった。それはちょうど戦国時代の武士が、どれほど強い弓を引けるかを競ったようなものだ。仲間内の戦争ごっこは豆を撃ち合い、グループ間の戦いでは石を撃ち合った。夜の戦いは、仲間内でも癇癪玉《かんしゃくだま》を撃ち合った。当たると爆発するのでとても格好がいい。でも顔に当たると軽いやけどになった。もし目にあたっていたら失明していたかもしれない。

私たちのグループのガキ大将は3歳年上のドイツ人だった。とてもしつけが良く、母親たちに会うと飛び切りの笑顔で挨拶をした。母親たちはその笑顔にころっと騙され、「あの子と遊んでいるなら安心だ」と思っていたようだ。その信頼感に胡坐をかいて、私たちは結構悪さをしていた。

秘密基地として、5、6本の松の木の間に張り巡らされた巨大なハンモックが出来ていた。それを作ろうというのは、たぶんそのドイツ人の発想だったと思う。秘密基地なのでグループ全員が乗れなくてはいけない。でも、そんな巨大なハンモックを作るとなると、おびただしい量のロープが必要になる。当初私には、それだけのロープを集めることは、まったく不可能な課題に見えた。

この当時はまだガムテープもなかったころなので、各家庭は必ず荷造り用のロープをストックしていた。我々は、隣近所一軒一軒回って「ロープを少し分けていただけませんか」と言って回った。この時も、そのドイツ人の飛び切りの笑顔が功を奏して、信じられないほどのロープが集まった。

松林の中で集めたロープがうず高く積まれた時、私の心の中でカチッと音がしてカギが外れ、小さな扉が開いたように思う。その扉が開いたおかげで、大学時代に企業に車やガソリンやお酒の提供をお願いしたり、新聞社にトレーラーの予算を出してもらったりして、とても充実したキャンパスライフを楽しみ、なおかつ深い学びにつながった。

茅ヶ崎の松林の中でのギャンググループ。後列右端が著者（小学４年）。その隣がガキ大将のドイツ人。ジョン・ウェインの『黄色いリボン』という映画を観て、騎兵隊になりきっている

その扉の名前は、「※図々しさ」、「※やれば出来るぞ精神」、あるいは「ダメ元でも頼んでみよう」、「人の褌で相撲を取れ」だったかもしれない。この扉が開いている人と、開いていない人では、物事が達成できる可能性や積極性が恐ろしく違う。これも学校教育では身につかない能力だ。

松林の中なので、材木はいくらでもあった。私たちは斧とナイフで木を細工して、あらゆるものを手作りでこしらえた。あるいは、水道管に花火の火薬を詰めてビー玉を飛ばす大砲を作ったりした。これは、自分の子どもがやっていたらぞっとするよう

な危ない遊びだったが、点火をどうするかなど、結構工夫が必要だった。この小学校3年から中学2年に至る松林の中の様々な体験が、ハンググライダーやトレーラーの制作に結びついており、そこで獲得した資質と精神が、その後のCD、「NEWS」、「AIBO」などの開発に生きたのは明らかだ。

人の一生は、幼児期にいかに楽しく、自由で、能動的で、のびのびと創造的な日々を過ごしたかで決まる。お受験の重圧で、勉強机にいやいや縛りつけられて育った子の人生、あるいはお稽古事や塾に目いっぱい振り回されて育った子の人生は、受動的になり、どうしても寂しくなる。

幸いなことに私の場合には、めぐまれた6年間を過ごすことができた。学校から帰ると、毎日即ハンモックに直行した。そこにはいつも仲間がいて、楽しい遊びを創造し、暗くなるまで素晴らしい時間を過ごすことができた。学校にいる時も、授業は上の空で、今日は何をして遊ぶか、だけを考えていた。家で勉強をした記憶は一切ない。おそらく宿題など出なかった時代だったと思う。

50歳を過ぎてから、瞑想を実習した。「ハイアーセルフに出会う瞑想」をやっていたとき、瞑想の誘導とはまったく無関係に、このハンモックのビジョンがポッと出てきて、おびただしい涙にまみれたことがある。その日は、歩いていても、電車に乗っていても、ちょっと目をつぶるとハンモックのビジョンが湧いてきて、涙がどっと出てくる状態だった。みっともないので、瞬きを必死にこらえて家まで帰った記憶がある。

この瞑想体験から、私の人間としてのベースがあのハンモックと過ごした足掛け6年で形作られたということを、いやというほど思い知らされた。

自分で学びたいと思うまで放置

前著『教育の完全自由化宣言！』、『「生きる力」の強い子を育てる』（いずれも飛鳥新社）で、私はかなりのページを「サドベリー教育」の紹介に割いた。

サドベリー教育というのは、子どもの自主性に徹底的に任せる教育であり、学校側からの授業の提供は一切ない。もし、子どもが何かを学びたいと思ったら、自分で企画し、仲間を集め、先生と交渉して授業を設定しなければならない。子どもが自分で学びたいと思うまで、一切放置される。したがって、ほとんどの子は朝から夕方までキャンパスの中で遊びまわっている。

サドベリー教育は、6章の表1「人間性教育学の系譜」（P90）のグリーンバーグという教育者が、約50年前にボストン近郊で始めた。日本からも見学者が大勢訪れるが、広いキャンパス中を大勢の子どもたちが遊びまわっているのを見て「あ、いまは休み時間か」と思うという。やがて朝から夕方までその状態だと知って驚愕する。ほとんどの人が「こんなことで、まともに子どもが育つのだろうか」と心配する。

たしかに10歳になっても、まったく文字を知らず、ひと桁の足し算もできない子もいる。しかしながら、17歳で卒業するころになると、ひとりの例外もなく基礎的な学力を身につけており、大学進学率は80％を超え、ほとんどの子が第一志望の大学に入学するという。ということは、毎日机に縛りつけられて知識を詰めこまれた子どもたちよりも、サドベリーのように毎日遊びまわっている子どもの方が、かえって学力も高くなるようだ。ただし、これはちょっとバイアスがあるので要注意。サドベリー校に子どもを入れるような親は、概して人間的なレベルが高く教育熱心だ。離婚率は、全米平均に比べて桁違いに低い。教育以前に環境が恵まれているのだ。

日本は、アメリカに次いでサドベリー校が多く、すでに10校を超える。もちろん、アメリカとは違って公教育とは認められていないので、フリースクール扱いだ。一般のフリースクールに比べると、不登校児以外も多い。『「生きる力」の強い子を育てる』では、サドベリー教育を「フロー」という観点から解説した。グリーンバーグがそういっているわけではないが、私の目から見ると、この教育が成果を上げてきたのは、遊びを通じて「フロー」を大切にしてきたからなのは明らかだ。私自身は普通に学校には通っていたのだが、上述のように帰宅後に松林の中で仲間と遊びまわり、サドベリー校に通ったのと同じような体験をしている。その体験のお陰で、サドベリー校の話を聞いた時、すぐにその素晴らしさを理解することができた。

幼児期の「フロー体験」は、「生きる力」を育て、「創造力」を育て、人を「フロー人生」に導く。いまの学校教育は「フロー」の大切さがまったく配慮されておらず、むしろ子どもたちを「フロー人生」から遠ざけている。苦行のような勉強をしたからといって、いい人生にはつながらない。

むすび

チェスというゲームで、世界チャンピオンが人工知能に敗れたのが１９９７年。碁はチェスよりもはるかに複雑なので、まだ数十年はかかるのではないかと予想されていたのだが、いくつかの新技術が開発されて、２０１６年にあっさり人工知能が勝ってしまった。これからは、人間とコンピュータとの仕事の住み分けが、どんどん変わっていく時代になるだろう。

第5章で述べた人間の能力の階層構造のうち、第1層（知識・ノウハウ）、第2層（論理思考・演算能力）などは、コンピュータでも簡単に代替が利く。したがって、それに最大の力点を置く、いまの学校教育の価値は、今後間違いなく下がっていく。どんな博識な先生も「グーグル先生」にはかなわないだろう。

コンピュータがいくら進化しても、CPU性能がいくら上がっても、コンピュータが何かを「好き」になったり、「夢中」になったり、「のめりこんだり」する気づかいはない（創造の三源力①）。したがって、その延長上にある「創造力」というのは、コンピュータでは代替できない人間にとって本質的な能力だ。

創造力を伸ばすことは、情動の蓋を開けるなど、人間としての完成度を上げることにつながっている。「知識・ノウハウ」をいくら積み上げても、人間的には成長しない。創造力を発揮するとき、人はあふれ出る幸福感を感じることができる。ペーパーテストでいい点を取ったとしても、人は自己顕示欲などの低次元の満足を感じることはあっても、心の底からこみ上げてくる幸福感とは無縁だ。

つまり学業を修め、いい成績を取ることより、創造力を向上させる方が、はるかに直接的に人生のクオリティにつながっている。

明治維新以来、日本の教育の中で「創造力」は、どちらかというと、ないがしろにされてきた。これからの世の中、社会に貢献し、幸福な人生を歩み、人々に喜ばれるためには「創造力」がもっとも大切な資質になるだろう。

本書は、私の74年に及ぶ人生を賭して書いた。恥ずかしながら、自らの生い立ちのエピソードを初めて披露したが、その体験の詳細な分析を通じて「創造力の源泉」を探求できた。

多くの子どもたちが創造力ゆたかに育つために、さらには日本社会の活力が全般的に高まるために、私のつたない体験が少しでもお役に立てるとしたら、望外の幸せだ。

すばらしい文章をお寄せいただいた植松努さん、ならびに冒頭のＯＳＨＯの文章を翻訳し、ご提供いただいたOSHO INTERNATIONAL FOUNDATION JAPANに深謝する。

◆「人間性教育学シリーズ」によせて……

この「人間性教育学シリーズ」は、日本の教育を抜本的に見直し、社会の自然な進化に貢献する、という願いをこめて企画された。

日本の公教育が破綻に瀕しているということは、多くの人が指摘している。不登校児が増えているが、問題が子どもにあるというよりは、むしろ学校が子どもたちに拒否されている、と見ることもできる。

いじめの問題が、たびたび報道されているが、学校生活がストレスに満ち、子どもたちの心がすさんでいるのは確かだろう。

もう何十年にもわたって、歴代内閣は教育改革を旗印に掲げてきたし、中教審（中央教育審議会）、臨教審（臨時教育審議会）、教育再生会議など、多くの委員会が組織され、識者と言われる人たちが熱心に議論を重ねてきた。

にもかかわらず、いっこうに改善の兆しは見えてこない。

識者たちは一様に、自分と同じように子どもたちが育ってほしいと願っており、自分が受けてきた教育は、きわめてまともだったと考えている。

そうすると、最近の教育は劣化してきたとか、教師の質が落ちてきたとか、家庭教育がおろそかになってきたとか、モンスターペアレントが増えてきた、などという、次元の低い、どちらかというとエクスキューズ（言い訳、逃げ）に近い認識が出発点になってしまう。

しかしながら、ちょっと離れて眺めると、日本は明治以来「国家主義教育学」と私が名づけた明白に限界がある教育の枠の中から一歩も出ていない。

自分の受けてきた教育が、必ずしもまともではなかったかもしれない、という認識を出発点にしないと、この枠を超える新たな展開は望めない。

人類は、長い間闘争の歴史を刻んできている。そのため、古代ギリシャから2000年以上にわたって、「国に尽くす戦士」を育てることを主眼とする「国家主義教育学」が、教育の主流を占めてきた。

だから多くの人が、教育というと、それしかないと信じていても不思議ではない。

日本は、いままでその「国家主義教育学」が大成功を収めてきた。東洋の中では、いち早く近代化を成し遂げて列強に肩を並べるようになったし、戦後は一面廃墟の中から奇跡の復興を成し遂げた。

「国家主義教育学」というのは、基本的には知識や価値観を上から強制的に「与える」教育だ。

過去の日本の繁栄は「善良で勤勉で、国や企業の発展に献身的に貢献する人」に支えられてきた。そういう人たちを大量生産できたのが、この教育学のプラスの面だ。

しかしながら、同じ教育学が同時に、「個性や独創性に乏しく、自分自身の考えが希薄で、ひとつの方向に向かって元気よく走り出す洗脳された戦士」を育てるという、どちらかというとマイナスの傾向を持っていたことも否定できない。

それが、ヒトラーのナチスドイツと組んで、世界中を悲惨な戦争に巻きこんでしまったという結果に反映している。

あるいは、必ずしもマイナスとはいえないが、高度成長期に企業戦士たちがひとつの方向にしゃにむに走ったことにもそれはあらわれている。

つまり、「国家主義教育学」の特徴のプラス面も、マイナス面もそのまましっかりと日本の歴史に刻まれているのだ。教育というのは、人々が想像する以上に国家のありようにに影響を与えている。

そういう視点で現時点の日本を見ると、他国の侵略を受けて植民地化される危険性はほとんどなく、終戦直後の危機的状態は脱しており、給与水準（ドル換算）が高いため、高度成長に逆戻りできる可能性はない。

いまの日本社会にとって「ひとつの方向に向かって元気よく走り出す洗脳された戦士」は、もはや熱烈に歓迎される存在ではなくなった。

子どもたちも、心の奥の方ではそれを感じており、相変わらず昔ながらの価値観を押しつける大人たちとのギャップが拡大しているのではなかろうか。

社会というのはすさまじい勢いで進化している生き物であり、「国家主義教育学」を必要とする危機的状況から日本は脱しており、その次の充実した社会を目指した教育へ切り換えるべき時代へ突入している。

多くの識者が、「国家主義教育学」の枠を超えて発想できないのは、他を知らないということに加えて、そのような大きな時代の流れや、社会の進化が見えていないからではないだろうか。

あるいは、教育論争がイデオロギー論争に巻きこまれてしまい、保守派が「国家主義教育学」を担いで革新派に対抗してきた後遺症もあるかもしれない。

広く世界に目を転ずれば、「与える」教育である「国家主義教育学」のほかに、「引き出す」教育が数多く提案され、実績を積んでいる。

それは、「子どもたちが成長する力を信じて、自主性を全面的に尊重する」という教育であり、議論としては、やはり2000年の歴史がある。

英語の教育（education）の語源は、ラテン語の educatio（引き出す）だ。

近代に入ってからは、ジャン＝ジャック・ルソー（1712―1778）が、それを詳細な教育論として体系化した。

こちらは、一部には、「自由をはき違え、規律とマナーのなっていない、だらしない若者」との批判もなくはないが、大方の評価は「個性ゆたかで独創性にあふれ、自らの価値観を持ち、社会を改革する力を持った子」が育つことで一致している。

ルソーに影響を受けた多くの教育者たちが、この方向を継承し、ゆたかに発展させてきた。

その流れの系譜を「人間性教育学」と呼ぶことにする。

国家のための駒ではなく、子どもの人間性が尊重されることが命名の由来だ。

日本はたまたま「国家主義教育学」がうまくいってしまったため、国家による教育の統制が世界でも類がないほどに厳しく、いまに至るまで「人間性教育学」が公教育の中にほとんど反映されていない。

逆に、いまの公教育からはみ出してしまった不登校児を受け入れているフリースクールは、子どもの人間性を重視せざるを得ないため、「人間性教育学」を忠実に実行しているところが多い。

そういうフリースクールに通い始めると、それまで心を閉ざしていた不登校児が、たちまち元気になって積極的に行動するようになり、立派に育っていく例が数多く報告されている。これはいまの公教育が、いかに多くの問題をはらんでいるかということを雄弁に物語っている。

「国家主義教育学」の底流は、国家の維持と発展が最も大切にされており、したがって人間はそれに貢献するための「機能」が重視される。これは、ある意味ではとてもわかりやすい。

ところが「人間性教育学」では、「人間」そのものの探求がベースになっており、際限なく奥が深い。「人間とは何か」「成長とは何か」などの根源的な追究のためには、発達心理学や深層心理学だけではなく、哲学や宗教の知見が欠かせない。脳科学や認知科学の助けも必須だ。

また、ひとりひとりの成長が社会とどうかかわっていくかという視点や、少し引いて人類全体の進化や社会の進化に対する考察も大切になる。

本シリーズでは、まずは日本の教育の現状と問題点を掘り下げ、すでに提案されている「人間性教育学」を紹介して、それを導入するための仕組みづくりを考える。

さらには、人間に対する深い掘り下げとともに、「人間性教育学」そのものの発展の方向性を探る。

それらの考察を通じて、単に教育システムの改革を目指すだけでなく、いま子どもの教育に悩んでおられる多くの親たちに、すぐに役立つ具体的なアドバイスを書いていく予定だ。

「人間性教育学」シリーズ

①『教育の完全自由化宣言!』（飛鳥新社）２００８年
②『「生きる力」の強い子を育てる』（飛鳥新社）２０１１年
③『創造力ゆたかな子を育てる』（内外出版社）２０１６年

参考文献

①天外伺朗『教育の完全自由化宣言！』飛鳥新社、２００８年
②天外伺朗『「生きる力」の強い子を育てる』飛鳥新社、２０１１年
③天外伺朗『ＧＮＨへ――ポスト資本主義の生き方とニッポン』ビジネス社、２００９年
④斎藤公子『生物の進化に学ぶ　乳幼児期の子育て』かもがわ出版、２００７年
⑤Ｍ・モンテッソーリ、吉本二郎・林信二郎訳『モンテッソーリの教育　０歳～６歳まで』あすなろ書房、１９８２年
⑥天外伺朗『東京湾超発電計画　潮の干満から大エネルギーを』講談社、１９８８年
⑦下村博文『下村博文の教育立国論』河出書房新社、２０１０年
⑧天外伺朗『光の滑翔――ＣＤ開発者の魂の軌跡』飛鳥新社、２００３年

天外伺朗（てんげ・しろう）

本名・土井利忠。工学博士（東北大学）、名誉博士（エジンバラ大学）。1964 年、東京工業大学電子工学科卒業後、42 年間ソニーに勤務。CD、ワークステーション「NEWS」、犬型ロボット「AIBO」などの開発を主導した。上席常務を経て、ソニー・インテリジェンス・ダイナミクス研究所㈱所長兼社長などを歴任。現在、ホロトロピック・ネットワークを主宰、医療改革や教育改革に携わり、瞑想や断食を指導し、また「天外塾」という企業経営者のためのセミナーを開いている。著作に『運命の法則』『宇宙の根っこにつながる瞑想法』（ともに飛鳥新社）、『経営者の運力』（講談社）など多数。

【連絡先】

ホロトロピック・ネットワーク（会員組織、医療改革、教育改革、瞑想、断食など）

Tel : 070-2209-3128　e-mail : info@holotropic-net.org

http://holotropicnetwork.wix.com/network

㈱ office JK（天外塾関係）

Tel : 080-4186-4117　e-mail : officejk@onyx.ocn.ne.jp

http://www. officejk.jp

フローインスティテュート（フローシンポジウム、ホワイト企業大賞、ホワイト経営合宿など）

e-mail : info@flowinstitute.jp

http://www. flowinstitute.jp

創造力ゆたかな子を育てる

発行日　2016 年 11 月 10 日　第 1 刷

著　者　天外伺朗

発行者　小見敦夫

発行所　株式会社内外出版社

〒110-8578　東京都台東区東上野 2-1-11

電話 03-5830-0237（編集部）

電話 03-5830-0368（販売部）

印刷・製本　中央精版印刷株式会社

ISBN 978-4-86257-288-2